JOHN R. TORRANCE

ALIMENTATION ET PUISSANCE COGNITIVE

SUPERALIMENTS, RECETTES, COLLATIONS ET CONSEILS POUR AMÉLIORER VOTRE SANTÉ CÉRÉBRALE, VOTRE CONCENTRATION ET VOTRE MÉMOIRE

Table des matières

Introduction

Vous connaissez cet ami agaçant qui semble toujours réussir à tout faire ? Vous savez de qui je veux parler. Au moment où vous avez lu cette première phrase, un visage vous est venu à l'esprit. Oui, je parle de la personne qui a l'air de *toujours* savoir où elle va et qui ne faiblit jamais. Même si cette personne vous rend dingue, au fond de vous, vous aimeriez bien lui ressembler un peu plus, n'est-ce pas ? D'accord, admettez-le. Peut-être même *beaucoup* plus. Un peu plus de succès ne vous ferait pas de mal, ni à votre portefeuille d'ailleurs ! N'est-ce pas ? (Je suis payé pour savoir ce genre de choses.)

Eh bien, votre grand-mère avait raison depuis le début : *vous êtes ce que vous mangez*. Des recherches de plus en plus nombreuses lui donnent raison. Après des années d'excès de nourriture à emporter lors de journées chargées, de grignotages consommés en regardant vos épisodes télévisés préférés, et de salades délaissées au profit de macaronis au fromage, vous en ressentez certainement les effets. De plus, vous êtes une vitrine ambulante de ce que vous mangez. La bedaine et les poignées d'amour témoignent amplement de votre mode de vie. Personnellement, je ne m'intéresse pas à la forme de votre corps. Je m'intéresse davantage à la forme de votre cerveau. En vous fournissant des indices subtils, votre corps agit comme un prélude à un incident imminent.

Vous vous sentez souvent ballonné. Votre travail en pâtit. Vos relations en pâtissent également. Vous n'avez tout simplement pas envie d'aller danser ou de jouer au football. La plupart du temps, vous sautez le petit-déjeuner et optez pour une pâtisserie que vous engloutissez en vous rendant au travail. Quel déjeuner ? En milieu de matinée et d'après-midi, vous vous effondrez et avez besoin d'un *Snickers* pour maintenir votre productivité. Vous êtes fatigué le matin et fatigué le soir, mais lorsque vous vous couchez, votre cerveau ne se met pas en veille. Ce n'est vraiment pas une façon de vivre. Votre cerveau est une bombe à retardement qui provoquera un jour un accident cérébral (AVC) ou, ce qui est tout aussi grave, un brouillard permanent (démence). Ces types d'incidents qui changent la vie se produisent après des années et n'offrent aucune solution miracle. La solution, c'est maintenant. Aujourd'hui. Demain.

Ne nous voilons pas la face. Vous devez vous engager. Vos relations ont besoin que vous vous investissiez à fond. Vos enfants réclament de l'attention et s'ils ne l'obtiennent pas, ils se comportent de manière inacceptable. Votre travail vous demande de plus en plus de temps et d'efforts. Vous devez être de plus en plus productif pour rester compétitif. Quelles que soient les exigences avec lesquelles vous jonglez, vous devez être au mieux de votre forme, et je peux le comprendre.

Il n'y a pas si longtemps, j'étais à votre place. Chacun de ces symptômes décrivait ma vie quotidienne et je savais que je devais faire quelque chose pour me relever et changer. Je ne pouvais tout simplement pas jongler avec toutes les balles de ma vie et, trop souvent, celles que je laissais tomber avaient de graves conséquences. Il m'a fallu faire des recherches. J'ai fait beaucoup d'expérimentations. Ce que j'ai appris m'a époustouflé. Chaque symptôme que je décrivais était directement lié à ce que je mangeais... ou à ce que je ne mangeais pas ! Dans ce monde où il y a beaucoup trop d'informations, je n'avais pas reçu les informations dont j'avais besoin. Il existe un lien entre l'alimentation et le cerveau, et lorsque j'ai découvert ce lien, mon monde a changé.

Tout à coup, quelque chose que j'avais su toute ma vie s'est mis à graviter autour d'une perspective légèrement différente, et cela a changé ma façon de penser, ma façon d'agir. Pour moi, cela a été de voir un collègue de mon âge succomber à un accident vasculaire cérébral, dont la vie a été bouleversée en un clin d'œil. L'ami autrefois indispensable que j'appréciais lors de mes aventures s'est retrouvé confiné dans un fauteuil roulant et la communication est devenue beaucoup plus difficile. Son esprit ne saisissait pas les mots qu'il voulait dire. Il n'y avait plus de filtre et ce qui sortait de sa bouche aliénait beaucoup de ses amis. Il est devenu solitaire et aigri.

Et j'ai juré de changer. C'est ainsi que j'ai commencé à changer. Pas en un jour. Pas de façon radicale. J'ai commencé à lire pour améliorer ma santé. J'ai commencé à expérimenter ce que je lisais. J'ai commencé à changer la façon dont je commandais les plats sur le menu de mon restaurant préféré. J'ai commencé à faire des listes de courses en fonction de ce qui était bon pour moi, plutôt que de choisir impulsivement sur l'étagère des produits qui me semblaient bons sur le moment. Lentement mais sûrement, j'ai changé. Vous pouvez faire de même.

Ce que vous mangez doit fournir l'énergie brute dont votre cerveau a besoin pour fonctionner de manière optimale. Cela n'inclut pas un régime de cheeseburgers et de boissons gazeuses. Manger les bons aliments augmente le pouvoir cognitif de votre cerveau, le pouvoir de réflexion. Cela réduit le risque de maladie d'Alzheimer, l'un des nouveaux fléaux de notre génération, et élimine le brouillard cérébral qui vous laisse dans un état de torpeur à votre bureau. Manger les bons aliments améliore votre mémoire. Une alimentation adéquate = moins de brouillard cérébral, plus de fonctions cérébrales. Une alimentation adéquate = moins de démence, plus de concentration. L'alimentation = fonction cérébrale (ou absence de cette dernière).

Lorsque j'ai apporté quelques changements à ma façon de considérer les aliments et leur consommation, un changement fondamental s'est opéré. Je mangeais mieux. J'étais plus performant. Je dormais mieux. J'ai décidé que je devais mettre ces informations à la disposition des autres. J'ai commencé par mes amis et ma famille. Lorsqu'ils se sont extasiés devant mes découvertes, j'ai essayé d'élargir mes activités, mais mon cercle d'influence n'était pas assez large. Comment changer cela ? J'ai d'abord consulté la merveilleuse toile mondiale.

Voici ce que j'ai découvert : trop de gourous veulent vous faire payer des sommes astronomiques pour un cours en ligne. Il y a énormément de discussions, et qui a le temps pour cela ? Ce n'est certainement pas ce que *j'*avais en tête. Je voulais mettre au point un programme facile à suivre, qui change la vie, pour le simple prix d'un livre, en le rendant agréable à lire et accessible. Voici ce que je vous propose : lisez les informations afin de comprendre pourquoi vous vous sentez vidés. Étudiez mes conclusions sur les superaliments et la facilité avec laquelle vous pouvez les intégrer dans votre vie. Essayez mes recettes. Ensuite, enseignez ces informations à votre famille. Faites le bilan de vos progrès. Vous serez stupéfait.

Les **avantages** de ce programme sont difficiles à battre. Vous trouverez des informations faciles à assimiler et vous prendrez plaisir à les lire ! Vous vous sentirez mieux. Vous aurez probablement meilleure allure... vous n'êtes pas opposé à l'idée de perdre quelques kilos, n'est-ce pas ? Vous obtiendrez les félicitations de vos clients et de votre patron, qui seront impressionnés par votre productivité en hausse.

Voici la promesse que je vous fais : je n'affirmerai rien que je ne puisse prouver. Je ne vous ennuierai pas avec trop d'informations générales... toutefois, je fournirai de nombreuses recherches détaillées dans un glossaire à la fin du livre. Je vous accompagnerai vers une meilleure santé. C'est un mot-clé. Vous l'avez compris ? *Coach ?*

- ◆ Un coach vous inspire, il ne dirige jamais.
- ◆ Un coach vous incite à vouloir changer, il ne vous force pas à changer.
- ◆ Un coach reste à vos côtés dans les moments difficiles.

Je veux être tout cela pour vous. Le coaching est ma vie. Je veux prendre toutes les compétences que j'utilise chaque jour pour aider les PDG et les cadres supérieurs à améliorer leur carrière, les mélanger avec les recherches que j'ai découvertes et les intégrer dans un programme facile à suivre. Je veux vous accompagner vers une meilleure santé et une productivité accrue. Vous êtes avec moi ?

Tout commence avec vous, mon ami. Vous avez été attiré par ce livre pour une raison, et il suffit de tourner la page au chapitre un et de vous y plonger. Commencez à lire, puis à manger d'une nouvelle façon d'améliorer votre cerveau. Pensez mieux. Pensez plus intelligemment. Agissez mieux. Agissez plus intelligemment. Vous voyez où je veux en venir ? Vous trouverez dans les pages qui suivent tout ce que j'ai promis et plus encore. Qu'est-ce que c'est que ce *plus*, me direz-vous ? Ce sont mes trucs et astuces, mes informations favorites pour vous aider à tirer le meilleur parti de ce livre. Il s'agit d'informations approfondies que vous entendriez, mais que vous n'absorberiez jamais, dans un cours en ligne sophistiqué. Et c'est dans ces petites pépites que vous trouverez l'or.

Je vous le redemande donc. Êtes-vous avec moi ? Tout démarre avec la première page. Commençons par découvrir les superaliments et les super pouvoirs. C'est parti !

CHAPITRE UN

Les effets de l'alimentation sur le cerveau

Si vous êtes normal, vous mangez probablement en surveillant votre tour de taille et non en vous concentrant sur votre cerveau. Mais qu'est-ce que votre tour de taille a fait pour vous ces derniers temps ? Votre cerveau, quant à lui, travaille sans relâche pour contrôler chaque respiration et chaque battement de votre cœur, la perception de chaque objet dans votre champ de vision, chaque son autour de vous. C'est ce qu'on appelle le **système nerveux autonome**. C'est là que se déroule une grande partie du travail de votre corps et, bien que vous ne supervisiez pas directement chaque transaction, votre cerveau a besoin de nutriments très performants pour bien faire son travail. C'est Coach John qui vous le dit : *pour être cérébral, il faut manger des aliments bons pour le cerveau.* C'est vrai. Il y a certains aliments qui sont bons pour le cerveau et d'autres que le cerveau préfère éviter. Tu vas apprendre de nouveaux concepts, et c'est une bonne chose. Je n'attends pas de vous que vous sachiez tout à l'avance. J'ai dû faire mes propres recherches et mon objectif est de vous transmettre ces connaissances en sections faciles à assimiler.

* Chaque fois que vous verrez un terme en **gras**, vous saurez qu'il s'agit d'un terme couvert par votre glossaire. Je me suis engagé à rendre cet ouvrage attrayant et lisible, avec de nombreuses informations que vous pourrez lire si elles déclenchent un désir d'en savoir plus. Cela signifie qu'une

grosse partie du travail se trouve à la fin de l'ouvrage. Je vous suggère de lire le livre une première fois, de parcourir le glossaire, puis de le relire, crayon et papier en main, prêt à véritablement entamer cette aventure de la découverte d'une meilleure santé.

✳ Manger pour la santé du cerveau peut sembler radical, mais des études ont prouvé que les aliments que vous mangez jouent un rôle important non seulement pour votre santé, mais aussi pour votre fonctionnement cérébral et pour la prévention des problèmes cognitifs. On sait aujourd'hui que certains superaliments améliorent les fonctions cognitives, notamment en stimulant la mémoire, en améliorant les capacités de prise de décision, en réduisant le temps de réaction et même en améliorant l'humeur. Ces aliments sont à la base de l'alimentation saine. C'est une façon de manger qui peut non seulement vous faire gagner des heures en cuisine, mais aussi vous donner plus d'heures de vie utile, alors soyez attentif. Lisez la phrase suivante deux ou trois fois, c'est aussi important que cela :

Ce que vous mangez a un impact considérable sur votre cerveau.

♦ La nourriture que vous mangez est la source d'énergie du cerveau. Ce que vous mangez influe sur la quantité d'énergie dont dispose votre cerveau, tant dans sa fonction autonome que dans sa fonction cognitive ou de réflexion.
♦ Les aliments que vous consommez sont à l'origine de la transmission des impulsions nerveuses. Votre cerveau doit envoyer des messages et il a besoin d'une substance chimique pour faire passer le message d'un nerf à l'autre afin que cela se produise.
♦ L'alimentation est à la base d'une santé mentale équilibrée. En 2018, des chercheurs ont établi un lien entre

la sérotonine et la santé intestinale, et le rôle qu'elle joue dans la progression de la maladie d'Alzheimer. Ils prévoient que la démence touchera plus de 65 millions de personnes dans le monde d'ici à 2030. C'est le fléau de notre génération et vous pouvez faire la différence en choisissant votre alimentation.

Nous allons nous pencher sur les nouvelles recherches qui paraissent dans les revues médicales. Je peux vous faire gagner du temps et de l'énergie en réduisant la pléthore d'informations aux meilleurs articles. Je vous propose une liste détaillée de ces articles ; vous pouvez vous y plonger pour une étude plus intensive si vous en avez le temps. Mais pour ce qui nous intéresse, laissez-moi faire le gros du travail pour vous.

Sérotonine : rien que des faits

Tout d'abord, parlons de la **sérotonine**. Votre corps produit de la sérotonine, un neurotransmetteur qui régule le sommeil, l'appétit, les récepteurs de la douleur et l'humeur. Bien entendu, les éléments nécessaires à sa fabrication doivent être présents pour que votre corps puisse faire son travail. Saviez-vous que 95 % de la sérotonine produite par votre organisme est fabriquée dans votre tractus gastro-intestinal (GI) ? Je ne le savais pas. Vos intestins sont tapissés de millions de cellules nerveuses appelées neurones. À chaque instant de la journée, une guerre se déroule dans cette petite arène, une guerre aux implications considérables. Les bonnes bactéries protègent la muqueuse intestinale et forment une barrière contre les mauvaises bactéries qui partent au combat en laissant dans leur sillage toxines et inflammations. Votre régime alimentaire doit donner à votre corps une chance de se battre pour produire de la sérotonine en hébergeant de bonnes bactéries.

Vous vous souvenez que j'ai dit que la sérotonine aidait à réguler le sommeil, l'appétit, la douleur et les humeurs ? Il s'agit là des éléments de base d'une vie heureuse et bonne. J'ai connu une période de ma vie où je me réveillais régulièrement à 2h30 du matin. Au bout d'un certain temps, je me suis épuisée. Après examen, mon médecin a correctement diagnostiqué un déséquilibre dans mon système et a reconnu que la sérotonine qui m'empêchait de dormir était absorbée trop tôt par une bobine hyperactive dans mon cerveau. Il m'a prescrit de très faibles doses d'un médicament bloquant l'absorption de la sérotonine, et voilà ! J'ai recommencé à dormir toute la nuit.

Trop souvent, nous passons de l'auto-assistance à la mélatonine ou à la racine de valériane, puis nous nous précipitons directement sur les somnifères. Nous nous retrouvons alors dans une situation où nous dépendons des médicaments pour nous endormir, ou dans une situation où nous dormons et ne dormons pas, selon que nous prenons des somnifères ou que nous n'en prenons plus. Ce n'est pas la solution. Manger des aliments qui favorisent la production de sérotonine, se faire diagnostiquer si son cerveau est en déséquilibre et réapprovionner sa sérotonine est une réaction bien plus saine au problème.

Lisez les informations détaillées sur la sérotonine dans le glossaire et essayez de réguler vos niveaux de façon saine.

Les probiotiques ? Qu'est-ce que c'est ?

On dit d'un régime alimentaire qui favorise les bonnes bactéries qu'il est riche en **probiotiques**. Si vous êtes comme moi, cela m'a semblé être un charabia Nouvelle Vague, une mode qui passerait rapidement. Je n'aurais pas pu me tromper davantage ! Les probiotiques sont des organismes vivants que vous consommez, soit en achetant un supplément coûteux, soit en modifiant votre alimentation pour y inclure du yaourt ou d'autres aliments fermentés. Le plus souvent, vous recherchez des lactobacillus et des bifidobacterium. Ces bonnes bactéries limitent l'inflammation, améliorent l'absorption des nutriments et activent les voies neuronales qui voyagent constamment entre votre intestin et votre cerveau. Je parie que vous ne l'avez pas vue venir, moi non plus. La relation entre mon estomac et mon cerveau a nécessité quelques recherches de ma part. Laissez-moi vous donner la version du *Reader's Digest*.

Des découvertes surprenantes établissant un lien entre un intestin sain et la démence incitent encore davantage à modifier son régime alimentaire. Certaines bactéries intestinales accentuent en effet l'accumulation de protéines cérébrales, ce qui est significatif puisque les protéines amyloïde et tau constituent les plaques de la maladie d'Alzheimer. Des recherches menées sur des souris suggèrent qu'un simple changement de régime alimentaire peut réduire ces plaques amyloïdes et diminuer l'inflammation. Que pensez-vous qu'il se passe ensuite ? Exactement. Votre mémoire s'améliore. Je ne sais pas ce qu'il en est pour vous, mais je trouve que c'est une preuve assez convaincante de la nécessité de changer de régime.

Certains régimes alimentaires influencent la présence de ces probiotiques. Les régimes méditerranéen et japonais contrastent fortement avec le régime occidental typique, composé d'aliments transformés, de quantités malsaines de sel, de beaucoup trop de sucre et de beaucoup de viande rouge. Le **régime méditerranéen** provient naturellement de pays comme la Grèce et l'Italie, situés le long de la mer Méditerranée. Il est recommandé par l'Organisation mondiale de la Santé et la Mayo Clinic. Il se caractérise par un mode de vie privilégiant les légumes et les fruits, les céréales complètes, les haricots, les noix et les graines, ainsi que l'huile d'olive, par opposition aux autres huiles transformées. Nombre de ces aliments non transformés sont fermentés et regorgent de probiotiques naturels.

Le **régime japonais** comprend plus de poisson, de légumes et de fruits. Il implique de manger lentement et en pleine conscience. Les recettes japonaises mettent l'accent sur des assaisonnements simples plutôt que sur des sauces lourdes. La nourriture est servie dans des plats plus petits. Cela facilite grandement le contrôle des portions, n'est-ce pas ? Le secret de la satiété réside dans la variété. Un aliment de base est combiné avec une soupe, un plat principal et quelques accompagnements. Les aliments de base sont le riz ou les nouilles. La soupe est généralement une soupe miso à base d'algues, de crustacés ou de tofu et de légumes dans un bouillon de soja fermenté. Le plat principal est composé de poisson, de fruits de mer ou de tofu, avec de petites quantités de viande, de volaille et d'œufs. Les accompagnements se composent de légumes, d'algues et de fruits crus ou marinés. Je ne me voyais pas manger ainsi et je ne voyais certainement pas ma femme cuisiner tout cela.

Vous voyez ce qui manque ici ? Ces deux régimes renoncent aux aliments de base de l'alimentation occidentale : de la viande rouge, beaucoup de produits laitiers, des aliments transformés, beaucoup de sel et de sucre. Ces deux régimes exigent une modification fondamentale des papilles gustatives et, bien qu'ils puissent sembler radicalement différents des menus habituels de votre foyer, vous n'êtes pas obligé de vous lancer à corps perdu dans ces régimes. La bonne nouvelle, c'est que quelques modifications très simples de votre régime actuel suffiront. Nous y reviendrons plus tard.

Les antioxydants

Lorsque j'ai entendu ce mot pour la première fois, le côté analytique de mon cerveau l'a décortiqué. *Anti* signifie *contre*. Oxydants. S'agissait-il de l'oxygène ? Pourquoi voudrais-je faire quelque chose contre l'oxygène ? Quel idiot ! Le mot était *oxydant*, comme l'oxydation du métal en rouille. J'ai été un peu lent à comprendre. Bien sûr, je suis tout à fait contre la rouille de mon cerveau. Des millions et des millions de réactions chimiques ont lieu chaque jour dans votre corps. Au cours de ce processus, certains composants deviennent instables, avec un électron libre ou supplémentaire. (Repensez à vos anciens cours de chimie organique et à la description des protons et des électrons de chaque élément). Ce minuscule électron libre est appelé *radical libre*.

Les oxydants contenant des radicaux libres sont les résidus produits lorsque votre corps métabolise et interagit avec divers composants alimentaires complexes, ce qui génère de nouvelles substances chimiques.. Les antioxydants équilibrent les oxydants dans votre circulation sanguine. Je m'explique : votre corps est une machine complexe avec toutes sortes de contrôles et d'équilibres, de mouvements et de contre-mouvements. Les antioxydants sont des composés guerriers que votre corps ingère, comme l'acide ascorbique (vitamine C), ou qu'il synthétise pour contrôler cette méchante oxydation. L'un des **antioxydants** synthétisés par l'organisme est le glutathion, fabriqué à partir de trois acides aminés : la glutamine, la glycine et la cystéine.

Non seulement votre corps produit des oxydants dans la vie de tous les jours, mais vous y êtes également exposé par le tabagisme, les radiations et d'autres polluants. Le stress et la consommation d'alcool en produisent encore plus. Lorsque l'équilibre entre les antioxydants et les radicaux libres est rompu, il en résulte un **stress oxydant**. Ce stress affaiblit les membranes cellulaires. Il endommage le tissu conjonctif et le collagène (pensez à vos genoux !). Il est un précurseur du cancer et des maladies cardiovasculaires. Il est responsable de maladies auto-immunes telles que l'arthrite et le psoriasis. Il affecte le diabète. Il n'est pas nécessaire d'être un génie pour comprendre que c'est mauvais.

C'est pourquoi nous faisons l'effort d'inclure dans notre alimentation des aliments riches en antioxydants. Ces antioxydants sont chargés d'acides gras essentiels qui stimulent et renforcent les cellules du cerveau. Certaines personnes se précipitent dans les magasins de produits diététiques et achètent des compléments alimentaires.

* Mais voici un indice. Vous n'en avez pas besoin. Adoptez une alimentation riche en antioxydants et économisez votre argent.

Que contient exactement votre menu sain ? Je suis heureux que vous ayez posé la question. Lisez le chapitre deux. En tant que coach, mon travail consiste à vous donner de petites bouchées d'informations, à vous inciter à prendre les mesures qui s'imposent et à vous convaincre petit à petit. Malheureusement, vous ne me rencontrez pas en personne et je ne vous parle pas directement. Ce livre est votre bouée de sauvetage. Il est beaucoup moins cher que des séances de consultation individuelles, et vous pouvez assimiler les informations au moment qui vous convient le mieux. Le danger est un danger que vous ne connaissez que trop bien.

Combien de fois avez-vous déjà essayé de changer ? Combien d'autres livres de developpement personnel se moquent de vos efforts et remplissent vos étagères ? Pour réussir cette fois-ci, il faut que nos esprits se rencontrent. Je vous écris, cher lecteur, alors lisez à haute voix si cela vous permet d'imaginer ma présence. Considérez-moi comme votre nouveau meilleur ami, quelqu'un qui est assis sur votre épaule droite au fur et à mesure que le temps passe, mais qui parle avec vous au fur et à mesure que nous avançons dans ce processus de changement vers un *vous* plus sain.

Résumé du chapitre

La nourriture que vous mangez affecte votre cerveau.

♦ La sérotonine est un neurotransmetteur nécessaire au fonctionnement optimal du cerveau.

- ◆ Les probiotiques sont essentiels à la santé intestinale, ce qui est une bonne nouvelle lorsqu'il s'agit de produire de la sérotonine.
- ◆ Les antioxydants, riches en acides gras essentiels, combattent les radicaux libres de l'oxydation.

Dans le chapitre suivant, vous apprendrez quels aliments donner à votre cerveau pour qu'il fonctionne de manière optimale.

CHAPITRE DEUX

Manger pour améliorer les fonctions cognitives

La clé d'une alimentation optimale pour la santé du cerveau n'est pas de changer radicalement de mode d'alimentation. Il s'agit de changer les choses, un peu par-ci, un peu par-là. En intégrant ces petits changements dans votre vie, vous en verrez les bienfaits et vous vous sentirez encouragé à faire un pas de plus vers une meilleure alimentation et un meilleur fonctionnement cognitif. N'oubliez pas. Les petits pas.

Pour se défendre contre diverses maladies liées à l'âge qui altèrent la mémoire et le fonctionnement général du cerveau, une bonne première étape consiste à se concentrer sur l'incorporation de trois nutriments seulement dans son régime alimentaire. Ils sont peut-être nouveaux pour vous et vous vous demandez quelles choses étranges vous allez devoir manger. Des algues ? Du tofu malodorant ? Détendez-vous, mon ami. Je ne suis pas allé jusque-là non plus.

Commençons par les acides gras oméga-3, les antioxydants et les **flavonoïdes**. Nous avons brièvement abordé ces sujets dans le dernier chapitre, mais il est temps d'approfondir et de passer aux choses sérieuses. C'est votre coach qui vous le dit : essayez. Tentez votre chance. Donnez-lui une semaine et voyez quelle différence cela fait. Vous ne reviendrez jamais en arrière.

Les acides gras oméga-3

Avec l'âge, le cerveau subit une dégénérescence normale. La vieille maxime selon laquelle vous n'êtes plus de première jeunesse ne s'applique toutefois pas si vous êtes attentif à ce point. Oui, les cellules nerveuses rétrécissent et les réserves de sang riches en nutriments dans le cerveau diminuent avec le temps. L'inflammation complique la situation. En réaction, le cerveau produit moins de neurotransmetteurs, ce qui se traduit par une communication médiocre ou inégale entre les cellules. Votre mémoire en souffre. C'est aussi simple que cela. N'ayez pas peur, car il existe une solution à ce problème.

Et si je vous disais qu'une alimentation riche en **acides gras oméga-3** ferait la différence ? Une étude de 2014, publiée dans la revue *Neurology*, a démontré que les femmes ménopausées ayant des niveaux plus élevés d'acides gras oméga-3 (EPA et DHA) dans leur sang avaient des volumes cérébraux plus importants. Rappelons que la réduction du volume du cerveau est liée à la maladie d'Alzheimer. Les chercheurs ont constaté une différence d'un à deux ans de fonctionnement sain par rapport à leurs homologues. Pensez à ce que vous pourriez espérer avec deux années supplémentaires de présence et un cerveau en pleine forme. Je ne sais pas ce qu'il en est pour vous, mais je veux être mentalement conscient et capable de profiter de la naissance de mes petits-enfants, et peut-être de les voir grandir à leur tour. Venons-en aux faits.

Lorsque les scientifiques parlent d'acides gras essentiels, ils veulent dire que votre corps peut synthétiser la plupart des éléments dont il a besoin, mais qu'il ne peut pas fabriquer ces acides. Ils doivent être ingérés. Le poisson est l'une des meilleures sources, mais il convient de faire une mise en garde contre le danger du mercure et d'autres contaminants à base de métaux lourds présents dans l'espadon et le tassergal. Vous n'aimez peut-être pas le poisson ? Ce n'est pas grave. Il existe d'autres aliments, autres que le poisson, qui sont riches en ce protecteur du cerveau. Les aliments riches en acides gras oméga-3 sont les suivants :

- ◆ les poissons gras d'eau froide : les anchois, le thon, le hareng, les sardines, le maquereau, le saumon, le flétan et la truite lacustre.
- ◆ les légumes à feuilles vertes : les choux de Bruxelles, les épinards, la roquette, la menthe, le chou frisé et le cresson.
- ◆ les huiles : l'huile de lin, l'huile de graines de chia, l'huile de foie de morue et l'huile de krill.
- ◆ les œufs.
- ◆ les noix.

Les antioxydants

Comme nous l'avons évoqué dans le chapitre précédent, les antioxydants protègent le cerveau contre les radicaux libres. Si l'équilibre entre les oxydants et les antioxydants dans votre corps est rompu, un état connu sous le nom de **stress oxydant** peut en résulter, avec les dommages qui en découlent pour votre cerveau.

Cela devient de plus en plus important avec l'âge. Lorsque vous étiez jeune, votre cerveau se débarrassait des composés indésirables connus sous le nom de radicaux libres comme on se débarrasse des fourmis de sa couverture lors d'un pique-nique. Le temps change les choses. Avec l'âge, ce n'est plus aussi facile. Votre corps produit chaque jour des milliers de ces molécules d'oxygène instables. Si l'on y ajoute les polluants et les rayons ultraviolets, le cerveau a de plus en plus de mal à se protéger de ce barrage permanent.

S'ils sont ignorés, les radicaux libres nuisent à l'organisme. Il s'agit d'un processus appelé stress oxydant, qui entraîne un déclin mental et une série de maladies débilitantes. La bonne nouvelle, c'est que l'organisme peut se défendre contre le stress oxydant en ingérant des antioxydants. Ces substances protègent le cerveau et ses cellules nerveuses de la destruction. L'objectif est d'en avoir un stock important. Consommez des aliments riches en antioxydants :

- la vitamine C. Nous pensons tous savoir comment ingérer de la vitamine C. Mais le savons-nous ? Voici quelques informations que vous ignorez peut-être :
  - les fraises sont une source inattendue. 150 g de fraises peut vous apporter 20 mg, soit la moitié de vos besoins quotidiens.
  - les agrumes (pas de prise de tête). Une orange vous apporte 70 mg, ce qui correspond à vos besoins quotidiens. Un verre de jus d'orange peut apporter jusqu'à 90 mg.
  - les piments. 60 g de piments hachés contiennent près de 110 mg de vitamine C.
  - les poivrons rouges. 120 g contient 200 mg de vitamine C.
  - la papaye. Une portion de 150 g couvre tous les besoins en vitamine C de la journée.
  - les kiwis. Étonnamment, un kiwi contient plus de vitamine C qu'une orange.
  - les choux de Bruxelles. Autre surprise. Une portion cuite de 100 g correspond à 50 mg de vitamine C.
- la bêta-carotène. Traditionnellement, on pense aux carottes, mais trois aliments qui les surpassent sont les patates douces, les feuilles de vigne et les microgreens.
- le sélénium. C'est une question délicate. La quantité de sélénium contenue dans les aliments dépend du sol dans lequel ils ont été cultivés. Les noix du Brésil, les amandes, les graines et le poisson sont les trois principales sources de sélénium.

Les **flavonoïdes** constituent une autre source d'antioxydants et méritent une rubrique à part entière. Un grand nombre de fruits, de légumes et d'herbes contiennent des flavonoïdes qui servent à réduire l'inflammation, le risque de maladie cardiaque et les symptômes de l'eczéma. Il s'avère que les flavonoïdes sont également bénéfiques pour le cerveau vieillissant.

En 2012, des chercheurs du *Brigham and Women's Hospital* ont constaté que les femmes âgées qui mangeaient de grandes quantités de baies voyaient leur mémoire décliner beaucoup moins qu'un autre groupe de cette étude. Selon les chercheurs, cette différence s'explique par le fait que les baies sont riches en flavonoïdes. Des recherches ultérieures ont élargi cette affirmation. La revue *Foundational Medicine Review* a publié en 2018 un article indiquant que les flavonoïdes interfèrent avec les enzymes clés qui déclenchent la mort cellulaire. Plus important encore, ils protègent le cerveau contre les neurotoxines et réduisent l'inflammation du cerveau.

La recherche regorge d'éloges sur le rôle des flavonoïdes. Les recherches les plus récentes suggèrent qu'ils améliorent de nombreuses capacités cognitives, notamment la mémoire, l'apprentissage et la prise de décision. Il semblerait également que ces aliments puissent prévenir le déclin mental lié à l'âge. Au Royaume-Uni, 2 % de la population âgée de 65 à 69 ans est atteinte de démence. Ce chiffre passe à un sur cinq, soit 20 %, pour les personnes âgées de 85 à 89 ans. La plupart des études sur les centenaires font état d'un taux de démence de 45 à 65 % chez les personnes très âgées. En inversant ces statistiques, on se rend compte que la démence n'est ni naturelle ni inévitable. 80 % des octogénaires et près de la moitié des centenaires vivent sans démence.

La signification m'a frappé de plein fouet. Je n'étais pas obligé de finir ma vie dans les années de brouillard mental que l'on appelle démence débilitante. Le choix m'appartenait. Je pou-

vais profiter d'une alimentation saine et en récolter les conséquences plus tard. J'ai choisi d'améliorer mon alimentation.
Le conseil que je vous donne est simple : faisons-le ensemble.
Lorsque vous irez à l'épicerie et que vous commencerez à préparer le dîner de ce soir, sachez que je fais la même chose. Si
c'est lundi, c'est poisson. Nous cuisinerons ensemble et vous
sentirez le poids de mon soutien.

Moi, je consomme tous les aliments riches en flavonoïdes que
je peux. Ces aliments sont les suivants :

- le thé vert.
- les légumes à feuilles vertes : épinards, chou frisé et
  cresson.
- les baies : myrtilles, fraises et mûres.
- le cacao.
- le café.
- le chocolat noir.
- le vin rouge.

La vitamine E est un autre antioxydant qui mérite sa propre
section. C'est un combattant bien connu des radicaux libres,
qui prévient les dommages cellulaires. J'ai grandi en connais-
sant bien ce sauveur. Ma mère a eu une crise cardiaque au
début de l'âge adulte et s'est tournée vers le Dr Shute, qui se
concentrait sur la guérison naturelle. Il a été l'un des pion-
niers de la recherche sur cet antioxydant dans les années
1950. Le régime qu'il lui a prescrit comprenait de grandes
quantités de vitamine E et, quelques mois plus tard, son car-
diologue n'a trouvé aucune trace des lésions antérieures. Ses
recherches novatrices m'ont amené à apprécier les merveilles
de la vitamine E.

Le Dr Shute énumère douze bienfaits de la vitamine E :

- ◆ elle réduit les besoins en oxygène des tissus.
- ◆ elle fait fondre les caillots frais et prévient l'embolie.
- ◆ elle améliore la circulation collatérale.
- ◆ elle agit comme un vasodilatateur.
- ◆ elle est connue pour sa capacité à lyser les tissus cicatriciels.
- ◆ elle favorise la cicatrisation lors de la guérison des blessures.
- ◆ elle augmente le nombre de plaquettes.
- ◆ elle diminue les besoins en insuline chez environ ¼ des diabétiques.
- ◆ elle est l'un des régulateurs du métabolisme des graisses et des protéines.
- ◆ elle stimule la puissance musculaire.
- ◆ elle préserve les parois des capillaires.
- ◆ elle prévient l'hémolyse des globules rouges.

Je me suis souvent demandé si ses travaux novateurs avaient été vérifiés. Les chercheurs actuels se penchent sur le rôle de la vitamine E dans la santé du cerveau. Une étude de 2014 publiée dans le journal de l'*American Heart Association* s'est penchée sur un type de vitamine E, le tocotriénol. Cette vitamine se trouve dans l'huile de palme et semble avoir un effet bénéfique sur la diminution de la maladie d'Alzheimer et de la maladie de Parkinson. Elle semble également réduire la probabilité d'accidents vasculaires cérébraux.

La vitamine E est en fait un conglomérat de huit composants différents, quatre tocophérols et quatre tocotriénols. La dose journalière recommandée est de 15 mg, ou 22,5 UI, et les chercheurs préfèrent la trouver dans l'alimentation plutôt que dans les suppléments. Les avantages de la **supplémentation** font l'objet de controverses entre les chercheurs et les premières études sur son efficacité ont été décevantes.

Le Dr Axe partage cet avis et note que les carences en vitamine E touchent plus sévèrement les jeunes et les personnes âgées. Il recommande de consommer chaque jour deux ou trois aliments riches en vitamine E tels que :

- ♦ des graines de tournesol : 130 g contient environ 35 mg.
- ♦ des amandes : 130 g contient 30 mg.
- ♦ des noisettes : 130 g contient 20 mg.
- ♦ des germes de blé : 80 g, nature et non cuit, contient 20 mg.
- ♦ de la mangue : 1 fruit entier cru représente 3 mg.
- ♦ de l'avocat : 1 entier cru représente 2 mg.
- ♦ de la courge musquée : 150 g cuits et coupés en cubes contiennent 2 mg.
- ♦ du brocoli : 90 g de brocoli cuit contient 2 mg.
- ♦ des épinards : 110 g cuits ou 60 g non cuits représentent 2 mg.
- ♦ du kiwi : 1 morceau moyen du fruit représente 1 mg
- ♦ des tomates : 1 tomate crue en tranches représente 0,5 mg.

D'autres chercheurs ont complété la liste avec :

- ♦ des noix et des graines : amandes, noix de pécan, beurre de cacahuètes, cacahuètes, noisettes, pignons de pin, graines de tournesol.
- ♦ des huiles : huile de germe de blé, huile de tournesol, huile de carthame, huile de maïs et huile de soja.
- ♦ des légumes à feuilles vertes : épinards, pissenlits, bettes à carde et fanes de navets.

Prenons un moment pour parler de l'alimentation saine. C'est un terme peut-être nouveau pour vous, mais c'est un sujet brûlant chez nous. Cela signifie que vous mangez des aliments frais et crus autant que possible. Un site internet entier est consacré à ce concept. Il s'agit de manger comme la nature l'a prévu.

Le Dr Bowden est encore plus explicite. « Il s'agit de manger de vrais aliments préparés sans beaucoup d'ingrédients transformés et d'additifs inutiles. Manger des aliments aussi proches que possible de leur état naturel. Manger des aliments que l'on peut chasser, pêcher, cueillir ou arracher. Manger des aliments que votre arrière-grand-mère aurait reconnus. Manger des aliments qui s'abîment. Manger des aliments qui ne contiennent pas un tas d'ingrédients imprononçables, qu'ils soient étiquetés « naturels » ou non. »

Ne commencez pas à hyperventiler. Rappelez-vous que nous avançons à petits pas. Commencez par choisir un aliment favori dans les listes ci-dessus et mangez-le naturellement. Visitez le magazine en ligne *Clean Eating*. Essayez l'une des recettes que j'ai incluses pour vous aider dans votre démarche. Votre voyage vers une santé optimale est un voyage, pas une destination. Ne vous culpabilisez pas, mais laissez-moi vous aider à devenir plus productif. Si je peux faire ces changements un petit pas à la fois, vous le pouvez aussi. Quel est le contenu de votre liste d'épicerie cette semaine ?

Résumé du chapitre

Nous nous sommes penchés sur les trois meilleurs aliments que vous pouvez inclure dans votre régime alimentaire pour améliorer la santé de votre cerveau et augmenter votre productivité.

- Les acides gras oméga-3 sont vos amis. Ce sont des graisses bonnes pour le cœur.
- Les antioxydants sont présents dans les aliments riches en vitamines C et E.
- Adoptez un régime alimentaire coloré.
- Plongez dans le monde de l'alimentation saine.

Dans le prochain chapitre, vous apprendrez à incorporer ces aliments sains de manière simple. Toujours avec moi ? Tant mieux pour vous !

CHAPITRE TROIS

Les aliments pour le cerveau selon les neuroscientifiques

Lisa Mosconi, titulaire d'un doctorat, déclare : « Pour fonctionner au mieux, le cerveau a besoin d'environ 45 nutriments qui sont aussi distincts que les molécules, les cellules et les tissus qu'ils façonnent. Le cerveau, qui est radicalement efficace, fabrique lui-même un grand nombre de ces nutriments et « accepte » seulement les autres nutriments dont il a besoin dans notre alimentation. » En d'autres termes : Tout ce qui n'est pas fabriqué par le cerveau lui-même est « importé » de la nourriture que nous mangeons. Elle préconise de manger pour améliorer la santé du cerveau. Elle n'est pas la seule.

De plus en plus de preuves suggèrent que de simples mathématiques peuvent changer votre avenir. Il s'agit d'ajouter du bon et de soustraire du mauvais. Commençons par les bonnes choses. Nous avons abordé le sujet de l'alimentation sous l'angle des *types de* nutriments que nous devons consommer, mais nous n'avons pas vraiment examiné chacun de ces aliments essentiels et la manière de les intégrer à votre régime alimentaire.

- ♦ Pendant que vous lisez ce chapitre, prenez un bloc-notes et un crayon. Commencez à noter la liste des courses de la semaine prochaine, ajoutons quelques nouveaux articles et mettons en pratique quelques principes d'alimentation saine, d'accord ?

Les poissons gras

Vous savez déjà que toutes les graisses ne sont pas mauvaises. Les poissons gras d'eau froide comme le saumon d'Alaska, le maquereau, le tassergal ou les anchois sont tous riches en huiles oméga-3 dont votre cerveau a besoin chaque jour. Selon le *National Institute of Health*, les femmes adultes ont besoin d'environ 1,1 gramme d'oméga-3 par jour. Cela signifie qu'un filet de saumon de 85 g répondra à vos besoins quotidiens, en offrant environ 1,24 g des deux acides gras les plus importants, le DHA et l'EPA. Pour vous donner un peu de contexte, sachez que votre cerveau est composé d'environ 60 % de matières grasses. Des études montrent que le DHA peut contribuer à renforcer la mémoire et les capacités cognitives et qu'il possède des propriétés anti-inflammatoires toutes aussi précieuses. Mais que faire si vous n'aimez pas le poisson ?

Il est temps de réajuster vos papilles. Faites mariner le saumon avec un mélange d'épices et préparez une belle sauce. Ce ne sera pas le saumon le plus sain que vous ayez jamais mangé, mais il commencera à remodeler vos papilles gustatives pour mieux manger. La plupart des recettes se trouvent à la fin du livre, mais j'en inclus une pour chacun des superaliments, juste pour vous habituer à l'idée de les intégrer à votre régime alimentaire.

Même les personnes qui n'aiment pas le poisson apprécient cette recette, adaptée de *Real Simple* :

- ◆ allumez et préchauffez votre four à 260° C.
- ◆ recouvrez une plaque de cuisson d'une feuille d'aluminium et mettez-y un filet d'huile d'olive extra vierge.
- ◆ déposez les filets de saumon dans la poêle et tournez-les pour les enduire d'huile.

Pour l'enrobage, mélangez 1 cuillère à café de poudre de chili, ½ cuillère à café de cumin, ½ cuillère à café de paprika fumé, 1 cuillère à soupe de miel. Ajoutez du sel et du poivre. Frottez le saumon avec ce mélange, puis placez le plat de saumon au four.

Faites rôtir le saumon jusqu'à ce qu'il soit opaque à l'extérieur et juste translucide à l'intérieur, soit environ 5 minutes. Si vous voulez qu'il soit bien cuit, faites-le rôtir pendant 3 à 5 minutes supplémentaires.

Pendant qu'il est au four, préparez votre sauce, qui servira de double vinaigrette pour votre salade d'épinards. Hachez deux petites poignées de persil plat, de ciboulette ou de menthe. Placez-les dans un petit bol et ajoutez suffisamment d'huile d'olive extra vierge pour qu'elle s'accumule autour des herbes. Râpez une gousse d'ail dans le bol. Ajoutez quelques gouttes de vinaigre de vin rouge ou blanc, du sel et du poivre fraîchement moulu. Remuez et goûtez. Si c'est acide, ajoutez du sel. Si c'est salé, essayez d'ajouter une autre goutte de vinaigre.

Présentez le saumon dans une assiette et arrosez-le de votre sauce.

J'ai inclus d'autres recettes à la fin du livre, mais essayez celle-ci et voyez ce que vous en pensez. N'oubliez pas de faire preuve de flexibilité. Vous pouvez prendre n'importe quelle recette et l'adapter à votre propre usage. Faites preuve de créativité.

Les légumes verts à feuilles sombres

Si vous n'intégrez pas déjà les légumes verts comme les épinards, le chou frisé et la bette à carde dans votre alimentation, il est temps de commencer. Ils sont pleins de vitamines, de minéraux, de fibres et de nutriments qui combattent les maladies. Votre cerveau vous en remerciera. Un moyen facile de s'adapter est de préparer des salades fraîches, en augmentant chaque jour la proportion d'épinards ou de chou frisé par rapport à la laitue rouge. Peu à peu, vous vous habituerez au changement et vous vous adapterez.

Si vous préparez le saumon ci-dessus, essayez une salade fraîche de feuilles d'épinards, de laitue rouge, de noix, de raisins secs, d'oignons verts et de germes de haricots mungo. Arrosez-la de la vinaigrette que vous avez utilisée pour le saumon, et vous aurez un accompagnement rapide qui complètera votre repas.

Si vous froncez le nez et ne voulez pas manger de légumes frais, essayez de faire cuire le chou frisé ou les épinards. Croyez-moi, vous aimerez. Cette recette n'est pas particulièrement saine, mais c'est un bon premier pas pour les personnes qui détestent tout ce qui est vert.

Les légumes verts flétris

- ◆ Nettoyez une poignée de légumes verts à feuilles foncées. J'utilise une essoreuse à salade pour rincer et égoutter l'eau des feuilles.
- ◆ Faites frire une tranche de bacon et retirez-la de la poêle (je sais. Je n'ai pas promis que c'était la meilleure recette... juste une pour vous apprendre à manger vos légumes verts). Enlevez la graisse pour qu'il ne reste que quelques petits morceaux de bacon.
- ◆ Mettez vos épinards propres dans la poêle et faites-les sauter en ajoutant du sel et du poivre. Ajoutez les morceaux de bacon et même le mangeur le plus difficile se régalera.

L'huile d'olive extra vierge et l'huile de lin

Parmi toutes les huiles de cuisson que vous pouvez stocker dans votre armoire, et il y en a beaucoup, essayez-en une nouvelle. Si vous regardez Rachael Ray, vous connaissez l'EVOO. Vous ne connaissez peut-être pas aussi bien l'huile de lin. Procurez-vous-en et essayez de l'utiliser. Ces deux huiles sont chargées de nutriments anti-âge, riches en oméga-3 et en vitamine E.

Vous savez déjà que je suis un adpete de l'alimentation pour être en bonne santé, alors ajoutons cette huile sans utiliser de supplément. Si vous ramenez chez vous votre première bouteille d'huile de lin, voici ce que vous devez savoir. Elle est extraite de graines de lin séchées et pressées. Si la bouteille indique qu'elle est vierge, cela signifie qu'elle a été obtenue par des moyens mécaniques uniquement, sans utilisation de solvants chimiques. Elle dure longtemps, et je recommande donc d'opter pour la marque biologique ou vierge et de payer un peu plus cher pour un meilleur traitement.

Elle a une saveur croustillante, presque noisette, lorsqu'elle est utilisée directement sur les aliments. Elle est volatile et a un point de fumée très bas (107° C), ce qui signifie qu'elle n'est pas facile à utiliser sur la cuisinière pour saisir de la viande ou des légumes. Il est donc préférable d'en arroser les légumes rôtis et de les manger directement.

Le cacao

Vous avez besoin d'une excuse pour manger du chocolat en permanence ? Voici une raison de vous réjouir ! Vous avez bien entendu. Le chocolat noir a tout à fait sa place dans le régime alimentaire de votre cerveau. Recherchez les variétés dont la teneur en cacao est égale ou supérieure à 80 %, ce qui indique qu'elles sont riches en théobromine, un puissant antioxydant. Kim Smith, directrice primée du *Brain Healthy*

Cooking Program, pose la question suivante : « Quelle quantité de chocolat par jour permet de garder la démence à l'écart ? » Sa réponse pourrait vous surprendre.

Voici son avis sur le chocolat :

- ♦ plus il est foncé, mieux c'est. Recherchez des marques annonçant 60 à 70 % de cacao.
- ♦ il est recommandé de consommer entre 30 et 45 g par jour. Attention à la barre chocolatée, dont la taille est généralement de 100 g. Divisez-la en trois.
- ♦ comptez les calories. Une barre chocolatée complète chaque jour peut ajouter 600 calories à votre régime alimentaire, et le poids supplémentaire n'est pas bon pour la santé du cerveau. Vous risqueriez de manger moins d'aliments bons pour le cerveau.
- ♦ certains l'aiment chaud. Il n'y a rien de mal à apprécier une ou deux tasses par jour.

Une étude qui s'est déroulée sur huit jours s'est concentrée sur la consommation de cacao à 70 %, avec des contrôles supplémentaires consistant à ne pas recevoir d'antioxydants 48 heures avant le début de l'étude, ainsi que pendant l'étude. Les résultats ont indiqué une réponse anti-inflammatoire signalée par une augmentation des cytokines. Une autre étude a consisté à mesurer l'EEG après l'ingestion de 48 g de chocolat noir à 70 % de cacao et a fait état d'une hyperplasticité cérébrale accrue. Considérez cela comme une bonne chose.

Une chose sur laquelle ils se sont tous mis d'accord : mangez plus de chocolat noir.

Les glucides complexes

Malgré l'essor irrésistible du régime cétogène, de nombreux experts en nutrition continuent d'adorer les glucides complexes. Au début, j'étais ravi parce que je n'ai jamais rencontré une pomme de terre que je n'ai pas aimé. Malheureusement, les pommes de terre ne sont pas concernées. Les glucides complexes sont des aliments comme les légumineuses, qui comprennent les haricots et les lentilles, les patates douces et les céréales complètes.

Ces aliments fournissent au cerveau un apport régulier de glucose pendant une période plus longue, au lieu d'un pic rapide qui disparaît ensuite. Remarque : lorsque je parle de haricots, je ne fais pas référence aux haricots verts, mais plutôt aux haricots blancs, pinto, rouges ou aux pois chiches. Je les ajoute aux salades et aux soupes, mais notre plat préféré est le chili. Il s'agit d'une version de notre chili blanc au poulet préféré :

1. Faites-vous plaisir et achetez un poulet rôti lorsqu'il est en promotion dans votre supermarché. Désossez-le et coupez-le en morceaux.
2. Hachez et faites sauter un oignon.
3. Ajoutez des petites boîtes de piments verts et des jalapenos coupés en dés. (N'oubliez pas que vous ne pouvez pas enlever le piquant une fois que vous l'avez mis, mais vous pouvez toujours en ajouter). Laissez-les mijoter un peu avec l'oignon.
4. Ajoutez 4 boîtes de haricots blancs rincés et 2 cubes de bouillon de poule. (Je sais. Le rinçage des haricots enlève les vitamines B, mais il enlève aussi les gaz, et je suis tout à fait d'accord avec ça).
5. Laissez mijoter un moment et, juste avant de servir, ajoutez une boîte de lait évaporé.

Dans la section des recettes à la fin du livre, j'ajouterai d'autres recettes à base de légumineuses, mais pour l'instant, il faut se faire à l'idée d'en manger davantage.

Les baies

Excellente source de fibres et de glucose, les baies ont également un indice glycémique très bas, ce qui signifie qu'elles aident à réguler le taux de glucose dans le sang. Je les achète à chaque fois qu'elles sont en vente et congèle ce que nous ne mangeons pas immédiatement. Mangez-les en dessert et ajoutez-les à vos salades.

Les myrtilles sont souvent appelées les « baies du cerveau » et sont exceptionnellement riches en antioxydants. Ce fruit est bénéfique pour le cerveau, qu'il soit consommé frais, congelé, en conserve ou sous forme d'extrait.

1. Les myrtilles réduisent le risque de démence. Une étude récente a montré que les personnes âgées qui buvaient 30 ml de jus concentré de baies (l'équivalent de 230 g de baies) présentaient une augmentation significative de l'activité cérébrale, du flux sanguin et de la mémoire par rapport au groupe placebo.
2. Elles réduisent les effets de la maladie d'Alzheimer une fois diagnostiquée. L'université de Cincinnati a réalisé des tests au cours desquels les participants ont ingéré une fois par jour soit une poudre placebo, soit une poudre de myrtilles lyophilisées (équivalant à environ 190 g de baies). Les adultes ayant consommé la poudre de myrtilles ont obtenu de meilleurs résultats en matière de cognition et de recherche de mots, avec une activité cérébrale accrue.

Quelle que soit la manière dont vous les consommez, il est presque universellement admis que les baies, et plus particulièrement les myrtilles, améliorent la mémoire, la cognition et la santé du cerveau.

L'eau

*   Si vous ne vous souvenez de rien d'autre, gardez au moins ceci en mémoire : la consommation d'eau est incroyablement importante pour la santé du cerveau.

L'avocat

Les graisses monoinsaturées contenues dans les avocats améliorent la circulation sanguine, ce qui contribue à un cerveau heureux et en bonne santé. Le problème, c'est qu'ils ne sont pas si bon marché et qu'ils s'abîment en un clin d'œil. La clé pour apprécier les avocats n'est pas de les utiliser à la nanoseconde où ils sont mûrs et encore bons, mais d'acheter les meilleurs produits dès le départ.

Voici mes meilleurs conseils pour choisir le meilleur avocat :

1. Faites attention à la couleur. Plus elle est foncée, plus vous devez manger le fruit rapidement. Achetez-en un vert si vous ne le consommerez pas avant plusieurs jours, ou un noir si vous allez faire du guacamole aujourd'hui.
2. Pressez-le doucement. S'il est ferme, il n'est pas prêt. Un produit mou et pâteux est probablement criblé de taches noires. Il faut qu'il cède un peu à une légère pression et qu'il n'y ait pas de zones molles.
3. Vérifiez la peau. Elle ne doit pas présenter d'indentations, symptomatiques d'une ecchymose.
4. Examinez sa tige. Retirez le petit capuchon et regardez la couleur en dessous. S'il est vert, il est prêt à être utilisé, s'il est brun, il est probablement trop mûr.

Maintenant que vous savez comment trouver le meilleur fruit, place au guacamole !

Les graines de citrouille

Après Halloween, les graines de citrouille grillées sont très appréciées dans notre foyer. Nous grattons et conservons ces graines, en éliminant la plupart des brins de citrouille restants. Nous les laissons sécher. Arrosez-les d'huile d'olive extra vierge et d'une ou deux pincées de sel. Faites-les rôtir à 350° jusqu'à ce qu'elles soient légèrement dorées. Miam !

Les noix

Soyez un écureuil et mangez des noix tout au long de la journée, mais les personnes au régime ont raison de s'inquiéter. Une poignée de noix peut représenter jusqu'à 10 % de l'apport calorique conseillé pour un homme, et encore plus pour une femme. Les noix, ou fruits à coque, valent le risque si vous les consommez de manière saine : en garniture de salades ou de plats d'accompagnement. Mangez des noix à la place d'autres en-cas, et non en plus. Le tableau suivant vous aidera à doser cet aliment précieux pour le cerveau en portions saines.

Portion de 28 g de noix	Calories	Grammes de matières grasses	Grammes de protéines
Amande	164	14.36	6
Noix du Brésil	184	18.6	4
Noix de cajou	163	13	4.7
Noisettes	178	17.2	4.2
Macadamia	204	21.5	2.2
Noix de pécan	196	20.4	2.6
Pistaches	158	12.6	5.8
Noix	183	18.3	4.3

Avez-vous remarqué la taille de la portion de 28 g ? Il ne s'agit pas de s'installer sur le canapé avec un gros paquet de noix de cajou, d'en manger la moitié et de se féliciter des bienfaits qu'elles procurent. Une portion de 28 g équivaut à une poignée.

Le brocoli

Dites à vos enfants qu'ils mangent de la nourriture pour leur cerveau la prochaine fois que vous leur servirez du brocoli au dîner. Ce légume est rempli d'antioxydants et de composés végétaux appelés caroténoïdes qui protègent fortement le cerveau. J'ai découvert que même les mangeurs les plus difficiles l'apprécient rôti.

Broccoli rôti

1. Préchauffez le four à 220° C.
2. Coupez les bouquets d'une ou deux tiges de brocoli et placez-les sur une plaque protégée par du papier d'aluminium. Arrosez-les d'huile d'olive extra vierge et saupoudrez-les de sel et de poivre. Saupoudrez généreusement d'ail en poudre.
3. Placez-les sur une grille supérieure du four et laissez-les rôtir jusqu'à ce qu'ils soient légèrement brûlés sur les bords.

Le café

N'abandonnez pas votre tasse de café prématurément. La recherche confirme que les buveurs de café réduisent leurs risques de développer la maladie d'Alzheimer plus tard dans leur vie. Si ce que je viens de vous dire fait battre votre cœur de soulagement et de joie, c'est que vous ne devez pas trop réfléchir à la question. L'un d'entre vous se demande cependant *comment cela se fait-il* ?

Il s'agit d'un stimulant et l'idée qu'il vous empêche de dormir est vraie. Sa structure moléculaire imite l'adénosine, un neurotransmetteur qui ralentit le cerveau pendant la nuit. Lorsque la caféine se lie à ces mêmes récepteurs, elle ne ralentit pas votre cerveau et vous avez donc plus de mal à vous endormir. Je dois avouer que j'aime tellement le café que j'en consomme même une tasse avant de me coucher, sans aucun effet néfaste. Je dois également admettre qu'il s'agit probablement d'une question de conditionnement puisque j'ai pris cette habitude pendant de nombreuses années, mais j'aime tout régime qui me permet de boire autant de café que je veux.

Le problème pour moi n'était pas seulement les arômes de café, mais aussi la crème qui rendait mon café succulent. Les cafés aromatisés ne sont que des additifs dérivés de laboratoires inclus dans le processus de torréfaction, ce qui m'a tout de suite fait sortir de mes gonds. Pire encore, je n'ai jamais acquis le goût du café noir fort. Le sucre, le sirop de maïs et les produits laitiers s'additionnent et ne font pas partie d'un régime MIND, alors il m'a fallu apprendre d'autres façons d'aromatiser mon café. J'ai commencé à acheter des grains frais et à y ajouter de la vanille ou des gousses de cannelle avant de les moudre. Pour la crème, j'ai appris à apprécier le lait écrémé avec un soupçon de vanille et une touche d'arôme d'érable. En peu de temps, mes papilles gustatives ont rattrapé mon cerveau et tout est rentré dans l'ordre.

Outre la stimulation du système nerveux central et donc l'augmentation de la vigilance, cela permet-il vraiment d'avoir un cerveau plus sain ? La réponse est oui ! Le café contient des antioxydants et sa consommation régulière est liée à une réduction du taux de maladies neurologiques telles que la maladie de Parkinson et la maladie d'Alzheimer. Les preuves s'accumulent dans votre esprit. Les antioxydants sont d'une importance vitale pour votre cerveau.

Résumé du chapitre

Nous avons abordé treize aliments excellents pour le cerveau. Vous avez obtenu vos premières recettes pour un cerveau heureux et en bonne santé.

- L'un des points les plus importants que nous avons abordés est l'importance de consommer les bonnes portions de ces superaliments.
- Une autre leçon importante est qu'il existe des moyens d'introduire ces aliments dans l'alimentation des personnes difficiles.
- Une alimentation saine pour le cerveau comporte de multiples facettes et un équilibre entre ces aliments. Apprenez à tous les aimer.

Dans le prochain chapitre, vous apprendrez quels sont les aliments à supprimer de votre alimentation pour améliorer la santé de votre cerveau. Ne vous laissez pas aller à cette réaction réflexe. Ce n'est pas si difficile. Je vous promets que nous surmonterons ce changement ensemble.

Chapitre quatre

Les aliments dont votre cerveau est dépendant

Les scientifiques classent à juste titre l'héroïne et l'opium parmi les dépendances, mais ils hésitent à ajouter de nouvelles dépendances importantes à cette catégorie. L'une d'entre elles est le **sucre**. Selon *Psychology Today*, l'Américain moyen consomme 70 kg de sucre *ajouté par* an. Près de la moitié provient des boissons gazeuses, des boissons énergisantes et des jus de fruits. Ce sucre déclenche la libération de dopamine dans le noyau accumbens du cerveau, la zone associée à la motivation, à la nouveauté et à la récompense. C'est cette même zone du cerveau qui réagit à la cocaïne et à l'héroïne. Vous pensez que les envies de sucre ne sont pas une réponse addictive à votre centre de plaisir ? Détrompez-vous.

Ces dépendances alimentaires sont un véritable piège pour votre cerveau et, en fin de compte, pour votre vie. La santé de votre cerveau exige que vous les supprimiez de votre alimentation, mais en même temps, votre cerveau s'est habitué à ces aliments et à leurs réponses addictives. Il en redemande. C'est le pouvoir d'une dépendance. Pendant neuf mois, j'ai remplacé le sucre par des substituts à base de stévia et des sucres alcoolisés. J'ai non seulement constaté les effets bénéfiques sur mon tour de taille et la santé de mes articulations (qui aurait cru que le sucre était un tel agent inflammatoire ?), mais j'étais aussi plus alerte sur le plan mental. Cela m'a convaincu non seulement de la valeur actuelle d'une alimentation sans sucre, mais aussi de l'avantage vital de retarder le destin de la démence.

De plus en plus de preuves suggèrent que le régime alimentaire joue un rôle prépondérant dans la santé de votre cerveau et, même si vous vous sentez dépassé par le sujet en ce moment, vous pouvez apporter ces changements. Votre objectif est d'éviter tout ce qui provoque un brouillard cérébral et ralentit le rythme de la productivité cérébrale.

La recherche montre que nous pouvons nous adapter à de nouveaux modes de vie. En grandissant, vous avez peut-être pris de mauvaises habitudes en matière de santé. Vous avez peut-être fait de mauvais choix alimentaires tout au long de votre vie. Ce n'est pas grave. Vous *pouvez* changer. Trouvé dans le *National Institute for the Clinical Application of Behavioral Medicine* (l'Institut national pour l'application clinique de la médecine comportementale) : « De nouvelles recherches en neurosciences montrent que même si notre cerveau ne s'est pas développé de manière idéale, nous pouvons appliquer des principes neuroplastiques pour l'aider à se redévelopper. » Qu'est-ce que cela signifie concrètement ? Cela signifie que vous pouvez entraîner votre cerveau à aimer et à anticiper avec joie de nouveaux aliments.

Quels sont les huit pires aliments et comment les remplacer par des aliments sains pour le cerveau ? Laissez-moi vous montrer. Si vous supprimez vos favoris, vous créez un vide et, tôt ou tard, vos mauvaises habitudes reviendront. Le secret du changement consiste à faire des petits pas et à remplacer un ancien favori par un *nouveau*. Mon périple au pays du sans sucre a eu des effets bénéfiques surprenants sur ma santé et j'ai réussi à limiter les fringales au minimum. Je ne dis pas que vous ne pouvez pas vous faire plaisir lors d'occasions particulières. Je vous encourage à trouver des substituts sains et à vous faire plaisir de temps en temps. Je craque pendant les fêtes. Je cède à la tentation car j'adore la tarte à la citrouille et les biscuits de Noël. Et pas n'importe quelle tarte à la citrouille, mais celle que ma mère préparait autrefois. Ne me donnez pas une version modifiée quand ce sont les vacances. *Ne touchez pas à mes vacances !* Je veux des biscuits au sucre glacé découpés en pères Noël et en étoiles, de la tarte à la citrouille avec de la crème fouettée et toutes mes garnitures préférées. Après les fêtes, je me remets sur la bonne voie et je reprends ma routine qui consiste à charmer mon cerveau avec une alimentation saine. Vous voyez ce que je veux dire ? Ce n'est pas une condamnation à perpétuité. Il s'agit de faire la paix avec soi-même au fur et à mesure des changements, de s'accorder de la bienveillance et de mettre en place des mesures de soutien.

Cette parenthèse pendant les fêtes a lieu parce que j'ai pris l'habitude de manger des aliments sains pour le cerveau. Il ne peut s'agir d'une parenthèse que si l'on a une habitude au départ. Comment développer cette habitude ?

Sans surprise, l'adoption de meilleures habitudes alimentaires commence par notre éloignement des étagères du milieu des rayons du supermarché. Regardez plutôt du côté des étagères supérieures et inférieures. De nombreux supermarchés proposent désormais des alternatives saines. Par exemple, je trouve du chocolat de cuisson Lily sans sucre dans la même allée que Hershey's. Apprenez à lire les étiquettes. Créez un fichier de recettes bonnes pour la santé et une liste de courses pour remplacer vos anciens produits.

Aliment #1 à éviter : les muffins industriels

Les boulangeries industrielles utilisent encore des huiles hydrogénées, du sirop de maïs à haute teneur en fructose, de l'huile de soja et des acides gras trans. Une étude menée à Montréal a montré que des souris nourries avec ces substances présentaient des symptômes de sevrage lorsqu'elles étaient soumises à un régime alimentaire plus sain. Ce n'est pas un secret : un muffin vous donnera probablement de la bedaine. Un muffin à la myrtille classique (les myrtilles sont bonnes pour la santé, n'est-ce pas ?!) contient près de 400 calories et un tiers des matières grasses de la journée. Aïe !.

Vous vous souvenez que nous avons parlé de l'alimentation saine ? Cela signifie qu'il faut manger les myrtilles, pas le muffin. Lorsque vous sautez le petit-déjeuner et que vous êtes tenté par une pâtisserie au comptoir du café, préférez emporter votre café à votre bureau, où vous avez caché des options plus saines.

Si vous êtes en réunion chez Starbucks, ce n'est peut-être pas possible. N'oubliez pas qu'un muffin de plus de 500 calories peut contenir 25 g de matières grasses, 56 g de **sucre** et 500 mg de sodium sous forme de **sel**. Une meilleure alternative est la danoise au fromage. Ce n'est pas encore parfait, mais c'est mieux, avec deux fois moins de calories que le muffin.

Aliment #2 à éviter : les boissons sucrées, y compris les sodas

Les sodas et autres boissons sucrées n'ont absolument aucun intérêt. Hormis la poussée de sucre rapide (suivie de l'inévitable chute de sucre), vous ne gagnez rien d'autre que des calories supplémentaires. Les sodas ne sont pas les seuls coupables. Évitez les boissons énergisantes, les boissons pour sportifs et les jus de fruits. *Mais le jus d'orange est bon pour la santé, n'est-ce pas ?* Lisez l'étiquette et assurez-vous qu'il ne contient pas de sucre *ajouté.*

C'est une habitude difficile à perdre, et certains d'entre vous protestent déjà en disant qu'une boisson gazeuse sans calories ne peut pas être si mauvaise pour la santé. Je suis désolé, mais la recherche n'est pas de votre côté. Forbes a publié une étude dans la revue *Stroke,* qui a démontré une corrélation entre les sodas light et les accidents vasculaires cérébraux et la démence. Les personnes buvant au moins un soda light par jour étaient trois fois plus susceptibles de développer une démence ou de subir un accident vasculaire cérébral.

Le meilleur remède est d'arrêter le soda d'un coup et de le remplacer par de l'eau. Je sais, cela semble dur. Une bonne solution consiste à ne consommer du soda qu'à l'occasion de certains repas. Lorsque vous faites des folies et que vous mangez une pizza, accordez-vous un soda. Le reste du temps, abstenez-vous.

Mettez l'accent sur les bienfaits de l'eau pour la santé. Saviez-vous que votre corps est composé à 70 % d'eau et qu'il a besoin d'une quantité d'eau allant jusqu'à 3,5 L par jour, selon l'auteur de l'article ? Ce que les scientifiques savent, c'est que le vieux conseil de 2 L d'eau n'est pas le bon chiffre. Il est plus élevé. Votre cerveau a besoin d'un minimum de sept à huit verres par jour pour une santé cérébrale optimale. Pensez à quelque chose d'aussi simple que de dormir toute la nuit. Vous n'avez pas suer en faisant de l'exercice, mais vous vous réveillez quand même déshydraté. À chaque respiration, vous expirez de la vapeur d'eau et vos réserves s'épuisent.

Votre incapacité à vous concentrer peut être due à une simple déshydratation du cerveau. Vous ne soupçonnez pas la déshydratation lorsque vous ne rampez pas dans le désert, mais votre cerveau a besoin d'eau pour se concentrer. Quand vous êtes dans le brouillard, c'est peut-être tout simplement parce que votre cerveau économise ses ressources.

L'eau que vous buvez sert à éliminer les toxines de votre cerveau. Vos vaisseaux cérébraux ont besoin d'être hydratés pour effectuer ces importants transferts cellulaires. L'eau que vous buvez produit un sang moins concentré, ce qui offre plus de place pour les toxines qui se sont accumulées lorsque vous étiez déshydraté et lorsqu'il n'y avait pas de place pour les transférer hors de la zone de chargement.

Il est évident que l'eau est bonne pour la santé, mais que faire si vous n'aimez pas ça ? Commencez par ajouter des infusions. Elles ne sont pas chères et modifient la saveur. Vous pouvez également acheter des exhausteurs de goût sous forme de poudre ou de liquide, mais veillez à lire les étiquettes et à éviter ceux qui contiennent du sucre ajouté. Fixez-vous un objectif de quantité d'eau à boire par jour ou par heure. Gardez une bouteille d'eau à portée de main. Habituez-vous. L'eau est votre nouvelle meilleure amie. Diminuez progressivement votre besoin d'arômes et buvez de l'eau pure. Votre peau, votre corps et votre cerveau vous remercieront.

Aliment #3 à éviter : le thon en conserve

Il est vrai que l'*American Heart Association* recommande de manger des poissons gras comme le thon au moins deux fois par semaine. Cependant, si vous mettez trop souvent du thon en conserve au menu, vous risquez de faire plus de mal que de bien. Pourquoi ? Le thon obèse, le thon ahi, le germon et l'albacore ont tous une teneur élevée en mercure. L'ingestion d'une trop grande quantité de mercure pose d'autres problèmes. Une trop grande quantité de ce métal lourd peut entraîner un déclin cognitif.

Afin de rester prudent, incorporez d'autres variétés de fruits de mer comme les anchois, le saumon sauvage ou la truite. Ils offrent les mêmes avantages, mais ne présentent pas le risque d'une exposition excessive au mercure. C'est un peu intimidant, n'est-ce pas ? Le saumon est très cher et qui aime les anchois ?

Je me suis mis en tête d'apprendre à les aimer et j'ai découvert que le fait de les faire sauter dans de l'huile d'olive extra vierge, puis d'en inclure quelques-uns dans d'autres recettes, avait changé toute ma vision des choses. Les pâtes, les spaghettis et la sauce à pizza ont tous survécu à une petite dose d'anchois sans que mes convives ne protestent. Je ne me suis pas mis à manger des anchois et je ne m'attendais pas à ce que ma famille le fasse. J'ai commencé par utiliser uniquement le beurre obtenu en les faisant revenir dans de l'huile d'olive, et non le poisson lui-même. J'ai progressivement ajouté des morceaux de poisson au fur et à mesure que les palais (dont le mien) s'y habituaient. Ce n'est pas si mal ! Mieux encore, ils disparaissent dans l'air lorsqu'ils sont hachés, de sorte qu'une fois que vous vous serez habitué à leur saveur, vous ne les retrouverez jamais dans une recette où vous les aurez ajoutés.

Aliment #4 à éviter : l'alcool

Oui, certaines études encouragent la consommation d'un verre de vin par jour, mais l'abus d'alcool entraîne une diminution des fonctions cognitives et une détérioration de la santé cérébrale en général. Une étude récente portant sur plus d'un million de patients atteints de démence en France a révélé que la consommation d'alcool est l'une des causes les plus évitables de la démence. En particulier, la majorité des patients atteints de démence précoce souffraient d'alcoolisme ou de consommation excessive d'alcool.

Apprenez à apprécier un peu de vin en accompagnement de l'entrée du repas. Résistez à l'envie de boire des boissons mélangées ou des alcools plus forts en dehors des repas.

Aliment #5 à éviter : le pain et les pâtes raffinés

Le pain et les pâtes raffinés ont été dépouillés de leurs nutriments, de sorte qu'il n'y a plus de fibres pour ralentir le métabolisme de ces nutriments. Au lieu de cela, ces glucides transformés se précipitent dans votre système et provoquent un pic de sucre dans le sang. Une alimentation riche en glucides raffinés a été associée à des troubles de la mémoire chez les adultes et les enfants. Cela peut être difficile pour les amateurs de pain. (Je souffre particulièrement lorsque le pain est supprimé de mon alimentation).

Je ne suis pas non plus fan de la plupart des produits à base de céréales complètes. Ma transition vers une alimentation plus saine s'est faite par la mise en œuvre d'un programme de réduction progressive. J'ai été stricte avec moi-même et j'ai suivi mes repas. La première semaine, pour cinq repas de délicieuses pâtes ou de pain français croustillant, j'en ai mangé un à base de céréales complètes. La deuxième semaine, je suis passée à un ratio de 4:1, puis de 3:1, etc. J'ai maintenu un ratio de 2:1. Pour deux repas contenant des glucides raffinés, j'en remplace un par des céréales complètes *dans le même aliment.*

Par exemple, j'aime le riz sauvage. J'aime aussi le pain blanc. Pour moi, le riz sauvage ne remplace pas le pain raffiné mais il est mon substitut au riz blanc raffiné. Les biscuits complets faits maison sont mes substituts au pain français. Vous voyez ce que je veux dire ? Dans la mesure du possible, je remplace le riz blanc par du riz brun ou du riz sauvage. Je garde également de la farine de blé complet à portée de main.

Ma recette de biscuits au blé complet

- ♦ Préchauffez le four à 230° C.
- ♦ Mélangez 120 g de farine de blé complet avec quelques assaisonnements spéciaux : ½ cuillère à café de sel, ½ cuillère à café de moutarde moulue, ½ cuillère à café de sauge et ½ cuillère à café de graines de céleri. Ajoutez 4 cuillères à café de levure chimique.

- Incorporez 100 g de beurre dur. Travaillez doucement pour obtenir des morceaux de la taille d'un petit pois.
- Versez 250 ml de lait fermenté (j'ajoute un filet de jus de citron ou de vinaigre de cidre de pomme au lait frais pour le rendre acidulé).
- Travaillez votre pâte et formez-la sur une surface farinée en une plaque d'environ un pouce d'épaisseur. Découpez les biscuits et faites-les cuire au four pendant dix à douze minutes.
- Ces biscuits salés plaisent à tout le monde et je dois parfois en faire quatre ou cinq tournées lorsque la maison est pleine pour les fêtes.

Aliment #5 à éviter : la sauce soja

Cela n'a l'air de rien, saupoudré sur vos sushis, mais une seule cuillère à soupe contient près de 40 % de la quantité de **sel** recommandée pour la journée. Quel est le rapport entre le sel et le brouillard cérébral ? Beaucoup de choses, en fait. Selon une étude de la revue *Hypertension*, les aliments fortement concentrés en sodium peuvent restreindre les vaisseaux sanguins et, par conséquent, nuire à la concentration, aux capacités d'organisation et à la mémoire. Une forte consommation de sel peut également entraîner un déséquilibre électrolytique et donc une déshydratation, ce qui empêche de garder la tête froide.

La prochaine fois que vous commanderez des sushis, optez pour une sauce soja ou une sauce unagi à faible teneur en sodium (dont le goût ressemble beaucoup à la sauce teriyaki) et réduisez la taille de la portion. Ce simple changement peut réduire de moitié votre consommation de sodium et vous permettre de rester concentré.

Aliment #6 à éviter : les huiles végétales

On dirait seulement qu'elles sont bonnes pour la santé. Vous pensez peut-être que les huiles végétales sont meilleures pour la santé que le beurre, mais ne vous y fiez pas. Vous vous tromperiez. Certaines huiles, comme l'huile de tournesol, de soja et de canola, ont effectivement une teneur plus élevée en antioxydants oméga-6. Mais cet acide gras provoque des inflammations dans le cerveau. Ce qu'il faut, ce sont des acides gras oméga-3.

L'huile d'olive extra vierge est un meilleur choix. Vous pouvez l'utiliser partout où vous auriez utilisé du beurre, y compris sur les légumes, dans les produits de boulangerie et même sur le pop-corn !

Aliment #7 à éviter : trop de viande rouge

Une certaine quantité de viande rouge est bonne pour la santé, mais si vous pensez que cela vous autorise à manger du bœuf tous les deux jours, vous vous trompez. Des études ont montré une corrélation entre les populations qui ont une alimentation riche en viande rouge et l'incidence accrue de la maladie d'Alzheimer. Une théorie plausible est que la viande rouge augmente les niveaux de fer dans le sang, et que le fer provoque des dommages oxydatifs. Le triste résultat de la détérioration des cellules et des lésions cérébrales ne rend pas le hamburger ou le steak aussi appétissants, n'est-ce pas ?

* Lorsque vous achetez de la viande au supermarché, recherchez des morceaux nourris à l'herbe et limitez les soirs où vous servez du bœuf.

Résumé du chapitre

Êtes-vous toujours avec moi ? N'oubliez pas qu'il faut avancer à petits pas avec tous ces produits préférés. Réduisez les interdits et introduisez lentement des changements. Vous pouvez le faire. Trouvez des amis qui partagent les mêmes valeurs que vous et créez un club de cuisine. Vous apprendrez de nouvelles recettes et bénéficierez d'un grand soutien moral.

- Vous avez appris que le thon en conserve n'est pas un bon moyen d'augmenter la consommation de poissons gras.
- Vous avez appris une nouvelle recette de biscuits aux céréales complètes. C'est une victoire !
- Vous avez appris la chose la plus difficile à entendre. C'est différent pour chaque personne, mais vous savez ce que vous redoutez de perdre. C'est votre défi. Commencez à vous débarrasser de vos mauvaises habitudes. Coach John dit « des petits pas », n'est-ce pas ?

Dans le chapitre suivant, vous découvrirez à quel point il est facile d'élaborer un menu sain pour le cerveau.

CHAPITRE CINQ

Le régime MIND améliore la santé du cerveau

Nous mangeons pour toutes sortes de raisons, n'est-ce pas ? Certaines personnes mangent pour faire du culturisme. Ils veulent participer à des compétitions où ils enduisent leur corps d'huile et soulèvent des poids. En mangeant certains aliments de certaines manières, ils optimisent leur programme. Certaines personnes mangent pour leur tour de taille. Elles veulent avoir une certaine apparence, alors elles suivent un régime et surveillent leur consommation d'aliments. Certains mangent pour leur cœur. Ils ont été effrayés par un incident cardiaque et changent leur façon de manger pour préserver leur santé cardiaque. Faire attention à ce que l'on mange n'est en aucun cas une nouveauté.

Mais manger de la nourriture pour le cerveau, un régime spécialement conçu pour améliorer votre pensée et vos fonctions cognitives, peut encore vous sembler radical. Permettez-moi de vous rappeler pourquoi vous faites cela : vous voulez améliorer votre fonctionnement. Cela signifie que vous devez donner à votre cerveau ce qu'*il veut manger*. Oui, mon ami, c'est aussi simple que cela. Votre cerveau fonctionne à plein régime lorsqu'il reçoit la nourriture dont il a besoin, et cela signifie que vous devez modifier votre alimentation.

J'ai fait référence à des études diététiques plus tôt dans ce livre et j'ai démontré les données et les statistiques qui sous-tendent leur efficacité. En tant que coach, je souhaite vous encourager à passer à l'étape suivante. J'espère que vous avez pratiqué les recettes du dernier chapitre. Elles sont destinées à vous mettre l'eau à la bouche, pour ainsi dire, afin de vous montrer que vous *pouvez* effectuer ces changements *avec plaisir*. Faisons un pacte entre nous, d'accord ?

Essayez ce plan pendant soixante jours. *C'est un sacré engagement !* Je peux entendre ce que vous pensez et vous le dites haut et fort. Les vingt et un jours pour prendre une nouvelle habitude sont une légende urbaine. Vous avez bien entendu. C'est un mythe. Ce n'est pas vrai. Un mensonge.

Il provient d'un livre audio écrit par un chirurgien plasticien qui a étudié la manière dont les patients s'habituaient à leur nouvelle apparence après une opération de chirurgie reconstructive. Il a constaté qu'il leur fallait environ vingt et un jours pour s'habituer à leur nouvelle apparence. À partir de là, il est devenu courant de supposer qu'il fallait vingt et un jours pour prendre une nouvelle habitude. C'est facile. Tout le monde peut essayer quelque chose pendant vingt et un jours, n'est-ce pas ? Malheureusement, beaucoup ne sont pas satisfaits du résultat et ne se sentent pas à la hauteur. Ils ont essayé. La nouvelle habitude n'a tout simplement pas tenu.

Une nouvelle étude explique pourquoi. Une étude publiée dans le *European Journal of Social Psychology* a montré qu'il fallait en moyenne soixante-six jours pour prendre une nouvelle habitude. Pour beaucoup, cela prend trois mois. L'étude était basée sur une étude longitudinale de douze semaines portant sur des comportements autodéclarés et a illustré la raison pour laquelle un essai plus long que trois semaines est nécessaire. Il nous arrive à tous de craquer. Au cours des quatre-vingt-quatre jours de l'étude, le fait de manquer un jour n'a pas eu d'effet sur le résultat de l'essai. De nouvelles habitudes ont été prises. L'intensification de l'effort a compensé le jour de carence que nous connaissons normalement de temps en temps. Ne vous y trompez pas. Il faut du temps pour changer, puis maintenir le changement.

C'est vrai. Les thérapeutes et les coachs de toutes les disciplines prévoient désormais quatre-vingt-dix jours pour améliorer un comportement addictif, et il n'y a rien de plus addictif que la nourriture. Aucun d'entre nous ne peut s'en passer, et c'est un comportement que nous adoptons régulièrement. Je ne vais pas édulcorer les faits. Rappelez-vous, j'ai promis de *ne pas vous mentir* !

Voici donc ce qu'en dit le Coach John. Créez un tableau ou achetez un agenda avec un calendrier. Je ne vous demande pas de mesurer les calories ou de noter votre régime alimentaire, même si cela peut vous être utile. *Je vous demande de suivre vos progrès. Évaluez chaque jour si vous avez suivi le planning.* Faites-le pendant trois mois. Ensuite, revenez sur l'expérience et évaluez vos performances. Je vous fournis des recettes et des planning de repas à la fin de ce livre. Si vous voulez faire les choses facilement, il vous suffit de suivre mes quatre-vingt-dix jours de planning de repas. Si vous êtes du genre créatif ou aventureux, prenez les recettes que vous aimez et créez les vôtres.

La plupart de mes partenaires qui réussissent commencent par le planning de repas et passent rapidement à la planification de leur propre régime. Ils comprennent ce qui leur est proposé et l'adaptent facilement. Je pense que vous serez comme la plupart de mes partenaires. C'est pourquoi je vous décris le planning en détail. Comprenez-le. Suivez mes suggestions pendant une semaine ou deux, puis lancez-vous. Ne vous inquiétez pas pour l'instant de vous écarter du planning. Je vous expliquerai au fur et à mesure comment manger au restaurant ou à une fête sans compromettre votre réussite. Pour l'instant, il suffit de comprendre la science qui sous-tend le régime MIND et de ne pas paniquer, d'accord ? Toujours avec moi ?

C'est parti ! Il a été démontré que la consommation de certains aliments (et l'évitement d'autres) ralentissait le vieillissement du cerveau de 7,5 ans et réduisait les risques de développer la maladie d'Alzheimer. Il s'agit du régime MIND, dérivé d'une étude financée par le *National Institute on Aging* et menée au *Rush University Medical Center*. L'épidémiologiste nutritionnelle Martha Clare Morris, titulaire d'un doctorat en médecine, a combiné le régime populaire DASH (*Dietary Approaches to Stop Hypertension*, en français, Approches Alimentaires pour arrêter l'hypertension) et le régime méditerranéen en un régime hybride mettant l'accent sur des aliments dont l'impact sur la santé cérébrale a été prouvé.

Pourquoi est-ce si utile ? Parce qu'il élimine la nécessité de préparer des menus complets à l'aide d'un planning de repas. Il est vrai que je fournis aux méticuleux un schéma à suivre, mais voici le point essentiel : *vous n'avez pas besoin de vous compliquer la vie. Il s'agit d'une ligne directrice facile à suivre pour mener une vie saine.* Dites *oui* à certaines choses. Dites *non à d'autres.* C'est aussi simple que cela.

Voici à quoi cela ressemble, réduit à l'essentiel. Vous allez adorer la facilité avec laquelle vous pouvez adopter un régime alimentaire sain pour le cerveau !

Garnissez votre assiette de certains légumes

Il s'avère que votre mère avait raison depuis le début. Nettoyez votre assiette et mangez des légumes. Il a été démontré que les légumes verts à feuilles sombres réduisent le risque de démence et de déclin cognitif. Je sais que certains d'entre vous meurent d'envie de demander : pourquoi ?

Je vais vous le dire. Les légumes verts regorgent de nutriments liés à une meilleure santé cérébrale, comme les folates, la vitamine E, les caroténoïdes et les flavonoïdes. Il a été démontré qu'une seule portion par jour ralentissait le vieillissement du cerveau. C'est *une portion*. Augmentez-la pour obtenir un résultat optimal. Pour agrémenter votre alimentation, essayez de consommer au moins six portions de légumes verts par semaine. Complétez ensuite avec au moins une portion d'un autre légume chaque jour.

Manger des baies au dessert

Je suppose que vous connaissez le dicton « *Chaque jour une pomme conserve son homme* ». J'essaie moi-même d'en manger une chaque jour. Mais lorsque les scientifiques ont passé en revue les études sur l'alimentation et la santé du cerveau, un type de fruit s'est avéré plus important que tous les autres. Dans une étude de vingt ans portant sur plus de 16 000 personnes âgées, les personnes qui mangeaient le plus de myrtilles et de fraises présentaient les taux de déclin cognitif les plus faibles. Les chercheurs attribuent ce bénéfice à la teneur élevée en flavonoïdes des baies.

Offrez-vous au moins deux portions de baies par semaine pour une santé cérébrale optimale. Vous souvenez-vous que nous avons parlé d'une alimentation saine plus tôt dans le livre ? Oui. Mangez simplement des baies. Réduisez le temps que vous passez dans la cuisine et *mangez des baies*. Vous vous demandez peut-être maintenant ce qu'est une portion de fruits et de légumes. Il est plus facile d'imaginer une portion de chou frisé ou d'épinards préparés dans une salade ou un plat d'accompagnement, mais il est un peu plus difficile d'imaginer des baies seules en guise de dessert. On suggère 190 g, ce qui représente huit grosses fraises, ou encore 50 g de myrtilles.

Grignotez des fruits à coque (et renoncez aux Oreos).

Les fruits à coque, comme nous l'avons vu précédemment, sont riches en calories et en graisses, mais ils sont également riches en vitamine E liposoluble. Nous avons parlé de la vitamine E plus d'une fois, vous savez donc maintenant à quel point votre cerveau apprécie ses qualités exceptionnelles. C'est un bon compromis. Prenez une poignée de noix bonnes pour le cerveau au moins cinq fois par semaine. Laissez tomber les en-cas transformés comme les chips ou les pâtisseries. Cela signifie aussi de renoncer aux Oreos. Lisez les étiquettes. Vérifiez la liste des ingrédients et optez pour des variétés rôties à sec ou crues, non salées, afin d'éviter les édulcorants ou les huiles à teneur élevée en sodium. Sachez également que le beurre de cacahuète non brassé contient généralement des ingrédients ajoutés. Vous pouvez trouver des variétés saines, mais *lisez les étiquettes* !

Cuisinez la plupart du temps avec de l'huile d'olive extra vierge

L'huile d'olive extra vierge est un autre élément essentiel du régime méditerranéen que vous retrouverez dans le régime MIND. Les chercheurs recommandent d'éviter le beurre et la margarine. Utilisez davantage d'huile d'olive. Ce fut un changement radical pour notre foyer et nous avons eu du mal à nous défaire de cette habitude. Voici ce que nous avons découvert : cuisiner avec de l'huile d'olive et assaisonner avec des herbes fraîches rendait nos plats préférés tout aussi savoureux. Cultiver des herbes aromatiques sur le rebord de la fenêtre était un régal pour l'œil et pour l'estomac.

Vous ne connaissez pas encore l'huile d'olive ? Rachael Ray a inventé le populaire EVOO, huile d'olive extra-vierge, et c'est exactement ce que vous devez rechercher sur l'étiquette. Si vous vous souvenez de ce qui a été dit plus haut dans le livre, l'expression « extra vierge » fait référence à la façon dont l'huile a été traitée, sans produits chimiques. De plus, achetez une bouteille en verre opaque ou foncé pour préserver son intégrité et sa fraîcheur.

Apprenez à apprécier les repas sans viande

Une alimentation saine pour le cerveau vous incite à manger moins de viande. Dans le cadre du régime MIND idéal, vous devriez manger de la viande rouge moins de quatre fois par semaine. Les haricots, les lentilles et le soja, tous riches en protéines et en fibres, constituent un substitut valable. Ils rassasient et, en outre, sont riches en vitamines B, également très importantes pour la santé du cerveau. J'ai non pas un, mais deux exemplaires corrigés de *Diet for a Small Planet (Régime pour une petite planète)*. Lappe propose des preuves et des recettes pour commencer à remplacer les menus chargés de viande par des alternatives plus saines.

J'ai fini par perdre ou prêter mon premier exemplaire et j'ai dû en acheter un deuxième. Naturellement, j'ai retrouvé l'original, j'en ai donc deux et je peux en prêter un à volonté. Mme Lappe parle beaucoup des protéines complémentaires, et je vous expliquerai comment j'ai adapté certaines des recettes et créé mes préférées à la fin du livre. Pour l'instant, faites tourner le concept dans votre tête. Habituez-vous à ce son. Je vous promets que ce n'est pas aussi douloureux que ça en a l'air.

Prévoyez du poisson une fois par semaine

Avez-vous des difficultés à vous souvenir du nom des personnes que vous venez de rencontrer ? C'est un phénomène courant avec l'âge... ou pas ? Les adultes (âgés de plus de 65 ans) qui ont déclaré manger du poisson une fois par semaine ont obtenu de meilleurs résultats aux tests de mémoire que leurs homologues qui n'aimaient pas le poisson. En effet, ils se souvenaient mieux des faits et ont obtenu de meilleurs résultats aux jeux de chiffres que les personnes qui ne mangeaient pas de poisson. Si vous n'aimez pas le poisson, rassurez-vous : rien ne prouve que le fait d'en manger plus d'une fois par semaine soit plus bénéfique pour votre cerveau.

C'est-à-dire une fois par semaine pour des performances optimales. Vous avez compris, n'est-ce pas ?

Il n'y a pas de mal à boire du vin

Je ne parle évidemment pas d'abuser de l'alcool. L'excès d'alcool est mauvais pour l'organisme à bien des égards. Toutefois, des études suggèrent qu'un verre de vin consommé avec modération peut réduire le risque de démence. En effet, il pourrait retarder l'apparition de la maladie d'Alzheimer d'un à deux ans. Ce n'est pas rien.

Consultez vos agendas des deux dernières années. Quels événements importants auriez-vous manqués si votre cerveau s'était déconnecté trop tôt ? Mariages, vacances, promotions, remises de diplômes, de nombreux événements spéciaux émaillent votre vie. Ils sont importants pour vous, mais aussi pour votre famille et vos amis. Soyez bienveillant envers vous-même et vos proches. Protégez votre cerveau afin de pouvoir continuer à profiter de ces événements !

Résumé du chapitre

Nous avons abordé dans ce chapitre un grand nombre d'aliments clés que vous devez inclure dans votre alimentation.

- ◆ Mangez plus de légumes verts à feuilles.
- ◆ Essayez de manger sainement vos friandises.
- ◆ Soyez une noix (en mangeant plus de noix).
- ◆ Optez pour une huile d'olive extra vierge.
- ◆ Manger moins de viande.

♦ Mangez plus de poisson.
♦ Prenez un verre de vin avec votre dîner.

Dans le prochain chapitre, nous allons nous retrousser les manches et nous plonger dans les planning de repas qui optimiseront la santé de votre cerveau. J'ai hâte !

CHAPITRE SIX

Qu'y a-t-il sur votre liste de courses ?

La théorie seule ne suffit pas. Si vous voulez vraiment protéger votre cerveau, il est temps de passer à la pratique. Nous pouvons apprendre tout ce que nous voulons et prononcer tous les mots à la mode. Mais tant que nous ne nous y mettons pas et que nous ne passons pas à l'action, ce ne sont rien d'autre que des paroles. Il est temps de passer aux choses sérieuses et de passer du stade de l'ébauche à celui de l'expérience d'une journée de régime MIND. Vous voudrez le lire, l'essayer et vous y habituer. Nous avons parlé de l'essayer pendant trois mois, et voici votre premier aperçu de ce à quoi ressemble une journée de régime MIND, son goût et ses sensations... J'espère qu'il vous plaira !

Rappelons-le. Le régime MIND, c'est :

- ◆ six portions par semaine de légumes verts à feuilles et une portion par jour d'autres légumes.
- ◆ cinq portions de noix par semaine.
- ◆ deux portions de baies par semaine.
- ◆ trois portions de haricots et de légumineuses par semaine.
- ◆ la viande rouge en moins, la viande blanche en plus : deux portions de volaille par semaine.
- ◆ une fois par semaine, mettez du poisson dans votre menu.

- ♦ oubliez le beurre, cuisinez avec de l'huile d'olive.
- ♦ profitez d'un verre de vin par jour.

Pour être précis, les interdictions sont les suivantes : réduire la viande rouge à moins de quatre portions par semaine, réduire le beurre à moins d'une cuillère à soupe par jour, réduire le fromage à moins d'une portion par semaine, limiter les pâtisseries et les sucreries à moins de cinq portions par semaine, et se laisser tenter par la restauration rapide moins d'une fois par semaine. Ce sont vos paramètres de départ. Efforcez-vous de les réduire au fur et à mesure que votre essai de quatre-vingt-dix jours avance.

Le petit déjeuner

Personne ne remet en question le rôle du petit déjeuner pour la santé, il est donc évident que votre cerveau aime aussi le petit déjeuner. C'est un sujet délicat pour moi. Mon alarme de faim habituelle sonne vers 10 heures, alors que j'ai besoin d'être dehors à 7 h 30 le matin. Ma mauvaise habitude de me coucher tard et de dormir jusqu'à la dernière minute a encore compliqué le processus de prise d'un petit déjeuner sain et nutritif.

Le passage à un petit déjeuner MIND a nécessité un changement complet de paradigme pour moi et, par extension, pour ma famille. Nous en avons parlé. Nous avons planifié une semaine de petits déjeuners MIND, puis nous sommes allés au supermarché. Nous avons commencé par prendre un petit déjeuner MIND deux fois au cours de la première semaine, puis nous avons élargi nos menus et augmenté progressivement le nombre de petits déjeuners. Voici notre première tentative de transition.

Commencez votre journée par un petit déjeuner stimulant pour le cerveau. Mangez des céréales complètes. Nous avons découvert que nous appréciions les flocons d'avoine, que nous avons garnis de noix et de baies. Il était plus facile pour nous de les préparer la veille au soir dans une mijoteuse, puis d'ajouter les garnitures le matin. C'était notre première tentative. C'est une excellente recette et elle est facile à préparer.

Gruau d'avoine façon tarte aux pommes

Pour deux personnes.

- ◆ Mettez deux pommes coupées en tranches dans une mijoteuse.
- ◆ Ajoutez 28 g de sucre de stévia. Nous avons utilisé de la cassonade.
- ◆ 1 cuillère à café de cannelle.
- ◆ Déposez 160 g de flocons d'avoine sur le dessus.
- ◆ Versez 1 L d'eau sur le dessus.

Ne remuez pas. Faites cuire pendant la nuit, de huit à neuf heures. Le matin, garnissez chaque bol d'une poignée de noix et de 75 à 150 g de myrtilles. Nous avons versé un peu de lait sans matière grasse et nous avons englouti le tout.

Le fait que nous ayons commencé à l'automne, lorsque les matins frais étaient à l'ordre du jour, nous a aidés. C'était chaud, ça tenait au corps, et c'était un vrai délice. En un rien de temps, c'est devenu un plat de base hebdomadaire que toute la famille appréciait.

Le déjeuner

Pour moi, le déjeuner se déroulait souvent assis à mon bureau. J'avais pris la mauvaise habitude de commander un plat de restauration rapide et de me précipiter à mon bureau pour le manger pendant que je travaillais. Il n'était donc pas étonnant que mon cerveau ralentisse en milieu d'après-midi, ce qui m'incitait à prendre un Snickers pour tenir le coup jusqu'à la fin de la journée. Ce repas a été déterminant pour moi dans le passage à un mode d'alimentation sain pour le cerveau.

* L'essentiel était de préparer un bon repas du soir avec des portions suffisamment grandes pour pouvoir emporter des restes au travail. Le micro-ondes de la salle de pause réchauffait mon repas et je mangeais à mon bureau tout en travaillant, comme d'habitude.

Plus important encore, je n'ai plus connu la baisse de régime habituelle de 15 heures. J'étais une véritable machine à travailler tout au long de l'après-midi.

La collation en milieu d'après-midi

Au début, je gardais des contenants de noix et de mélanges de fruits secs (sans les M & Ms) à mon bureau pour grignoter et calmer les fringales les jours où je ne prenais pas de déjeuner sain pour le cerveau. Comme j'adore les noix, c'était facile. J'ai fini par développer un modèle pour mes collations, mais nous y reviendrons dans le prochain chapitre !

Le dîner

La majorité de mes calories et de mes graisses étaient traditionnellement consommées au cours du dîner. J'avais besoin de recettes pour lutter contre la démence et, au début, j'ai refusé l'idée d'essayer de nouveaux aliments comme le quinoa. J'ai grandi en mangeant de la viande et des pommes de terre, méfiant à l'égard des nouveaux ingrédients. Mon esprit d'aventure s'est développé une fois que je me suis habitué à me sentir bien et que j'ai voulu mettre un peu de variété dans ma vie.

Le bonimenteur

Pour 6 personnes

Nous avons dû faire preuve de créativité pour que toute la famille participe à ce projet, ce qui a nécessité d'adapter les recettes et de trouver des noms plus attrayants pour les repas. Ne me demandez pas comment nous en sommes arrivés à ce nom pour des pâtes de type méditerranéen. Je pense que nos enfants aimaient les pirates et que nous utilisions des sabres (longs couteaux) pour découper les ingrédients. Mais voyez-vous comme il est facile d'appâter les petits esprits (dont le mien !) dans l'aventure de l'exploration d'une toute nouvelle façon de manger ? C'était notre première incursion dans le monde des dîners MIND sains et qui aiment le cerveau.

Faites bouillir de l'eau légèrement salée et faites cuire un paquet de pâtes complètes al dente. Rincez-les.

Préparer le plat à sauter :

- ◆ 2 poitrines de poulet, coupées en tranches fines ou en cubes
- ◆ 1 oignon émincé
- ◆ 120 g d'épinards lavés, coupés en rubans étroits que les plus jeunes ne pourront pas distinguer
- ◆ 1 paquet de champignons, nettoyés à l'aide d'une serviette en papier humide et coupés en tranches
- ◆ 1 gousse d'ail hachée
- ◆ 150 g d'amandes tranchées
- ◆ une poignée d'herbes hachées

Faites sauter les ingrédients du sauté dans l'huile d'olive extra-vierge dans l'ordre indiqué. Lorsqu'ils sont prêts, ajoutez vos pâtes Farfalle. Nous les avons garnies d'herbes fraîches hachées, car nous avions des pots de sauge, de basilic, de romarin et de persil plat sur le rebord de la fenêtre. C'est le persil plat que nous avons préféré. Nous avons ensuite versé un peu plus d'huile d'olive pour que les pâtes soient bien moelleuses.

Ce plat est devenu le préféré de tous les membres de la famille. Notre ménage le recommande vivement.

Votre liste de courses

Pour la première semaine, allez chercher ces produits au supermarché :

Au rayon frais :

- 1 contenant de flocons d'avoine
- 300 g de myrtilles
- un sac de pommes
- 250 g de champignons frais
- 1 grand sac d'épinards frais
- 1 petit oignon
- 1 bulbe d'ail
- 1 petit bouquet d'herbes fraîches si vous souhaitez ajouter de la saveur à votre repas

Dans les rayons du supermarché :

- 1 pot de flocons d'avoine
- un substitut de sucre. Nous utilisons à la fois de la stévia et des substituts d'alcool de sucre.
- un grand sac d'amandes en vrac
- un paquet de pâtes Farfalle complètes
- une bouteille d'huile d'olive extra-vierge

Au rayon boucherie :

♦   2 poitrines de poulet

Au rayon des produits laitiers :

♦   3 L gallon de lait sans matière grasse

Êtes-vous prêt ? Soyez courageux. Essayez. Vous êtes armé de tous les faits et vous connaissez les avantages. Vous avez maintenant un planning à mettre en œuvre. C'est là que se trouve le point critique. C'est là que vous vous investissez et que vous vous préparez à suivre vos progrès.

✳   Vous vous souvenez de ce tableau ? Mettez une étoile ou cochez chaque case où vous avez inséré un repas MIND dans votre routine quotidienne. Les collations comptent, bien sûr. Votre objectif pour le 90ème jour est d'avoir trois ou quatre marques de valeur dans chaque case. C'est ainsi que vous mesurerez vos progrès d'une manière visuelle qui renforcera vos efforts.

Résumé du chapitre

Lire des articles sur la santé du cerveau ne sert pas à grand-chose si l'on ne *mange pas* d'aliments sains pour le cerveau. Il est temps d'investir un peu d'effort et d'argent pour apprendre à vivre sans démence.

♦   N'oubliez pas que nous ne l'essayons que cette semaine. C'est une journée. Vingt-quatre heures.

♦   Il s'agit de petits pas. Essayer trop de choses trop tôt est une forme d'auto-sabotage.

♦   Vous avez tout ce qu'il faut pour réussir, il vous suffit de vous présenter à la table.

Dans le chapitre suivant, vous apprendrez à prendre des collations saines. C'est tout aussi important que votre premier jour d'essai.

Chapitre sept

Les meilleurs aliments à grignoter pour le cerveau

Ne nous voilons pas la face. Parfois, vous allez grignoter. Qu'il s'agisse d'un grand match, d'un examen, d'un projet ou d'une soirée entre amis, vous allez grignoter. Certaines de vos collations actuelles ne vous aident pas. Les collations sucrées entraînent un effondrement du taux de sucre suivi d'une sieste d'urgence. Les chips salées et les sauces qui bouchent les artères sont tout simplement malsaines. Les bons en-cas vous rendront plus productif. Mangez des choses qui aiguisent votre concentration. Grignotez des aliments pour le cerveau.

Concentrons-nous sur les bons en-cas. De bons apéritifs. Des aliments que vous, votre famille et vos invités apprécierez. Je commencerai par des en-cas que vous pouvez utiliser pour remplir le garde-manger, toujours disponibles pour un petit remontant, puis j'ajouterai des recettes de plats que vous pourriez avoir envie de préparer pour un événement spécial.

❖ Les amandes sont saines et agréables à manger. Si vous n'êtes pas fan, essayez les cacahuètes, les noix de cajou, les noix ou les pistaches.
  ✳ L'astuce consiste à acheter les variétés non salées et à les saupoudrer juste ce qu'il faut.

❖ Les raisins sans pépin. Achetez-en quelques grappes lorsqu'elles sont en vente et mettez-les dans un sac de congélation au congélateur.

  ✴ Si vous avez des enfants, vous devrez peut-être les cacher. Les nôtres ont trouvé la cachette et en ont pris quelques-uns pour les emporter à l'extérieur. Il faut bien l'avouer. Ils ont pris tout le sac et se sont enfuis avec leur butin !

❖ Le chocolat noir. Vous vous souviendrez sans doute de tous ses bienfaits (antioxydants et stimulants naturels) pour votre cerveau. Pensez aux endorphines et aux pensées heureuses que vous produisez en même temps. N'oubliez pas non plus les calories. Il s'agit d'un en-cas à grignoter, pas d'un aliment pour s'empiffrer.

❖ Le maïs soufflé (les pop-corn). Préparez une version saine en les arrosant d'huile d'olive extra vierge et en les saupoudrant de sel. Gardez une cuillère de sucre à la cannelle à portée de main si vous avez envie de sucreries. Faites-en une version saine et savourez-la parce que c'est un en-cas.

  ✴ Laissez tomber les sachets pour micro-ondes et habituez-vous à faire du pop-corn vous-même.

❖ Les légumes et le houmous. Vous savez que vous l'aimez, mais saviez-vous qu'il est bon pour vous ? Fabriqué à partir de pois chiches, il est riche en vitamines B et ses fibres sont excellentes pour vous rassasier.

  ✴ Lorsque vous achetez vos légumes, ne les placez pas simplement dans votre réfrigérateur lorsque vous rangez vos courses. Prenez quelques instants pour les laver et les trancher afin de pouvoir les grignoter facilement. Il vous sera beaucoup plus facile de vous tourner vers une collation saine si elle est prête à l'emploi.

❖ Le yaourt grec. Non seulement il est plus riche en protéines (deux fois plus par portion), mais il regorge de nutriments qui renforcent les os et de probiotiques qui font le bonheur des intestins.

  ✳ Laissez tomber les variétés sucrées et assaisonnez-les vous-même. Versez un filet de miel ou ajoutez un reste de salade de fruits.

  ✳ Pour les invités, il peut être transformé en parfait aux fruits. J'utilise des gobelets en plastique transparent pour en apprécier tout l'effet. Alternez des couches de yaourt avec des couches de fruits frais et complétez le tout avec quelques flocons d'avoine. Ce parfait est prêt à impressionner vos invités ou à régaler votre famille un samedi matin.

❖ Le mélange de noix. Conservez-les dans un récipient hermétique jusqu'à un mois, afin de les avoir toujours à portée de main en cas de besoin. Méfiez-vous des variétés vendues dans le commerce, qui contiennent de l'huile hydrogénée, du sel et du sucre.

  ✳ Faites votre propre mélange de noix. Utilisez des graines de citrouille, des noix de cajou, des graines de tournesol, des noix de pécan, des amandes, des canneberges séchées, des raisins secs... mais oubliez les bonbons. Remplacez-les par des produits de luxe comme de l'ananas séché ou d'autres friandises préférées.

❖ La salade de fruits. Préparez-en une grande quantité et utilisez-la aussi bien pour le petit-déjeuner que pour le goûter. Utilisez tous vos fruits préférés, comme les pommes, les oranges, les raisins, les fraises, les myrtilles, les kiwis, les morceaux d'ananas non sucrés et les bananes. En plus de satisfaire les papilles gustatives, vous remplirez votre corps d'énergie, de fibres naturelles et d'une foule de vitamines et de minéraux.

✳ Nous aimons y ajouter une poignée de menthe hachée. Gardez-en sur votre rebord de fenêtre afin d'en avoir toujours sous la main.

❖ Si vous ne pouvez pas résister à l'envie de tremper, trempez les pommes dans du beurre de cacahuète. C'est délicieux !
   ✳ Si vous les préparez pour une fête, confectionnez ces délicieux petits sandwichs que vous pouvez trouver sur Pinterest.

❖ Les pois chiches grillés. Si vous avez besoin de trouver l'alternative parfaite aux chips ou aux crackers, vous l'avez trouvée. Les pois chiches sont pleins de fibres et de protéines.
   ✳ Faites-les rôtir au four à 90° C pendant 45 minutes à une heure. Assaisonnez-les avec de la poudre de chili et une pincée de sel. Pour varier, ajoutez de l'ail et du parmesan ou du miel et de la cannelle.

❖ L'avocat. Nous adorons l'écraser et le tartiner sur des toasts. Faites du guacamole et faites plaisir à tout le monde !

❖ La délicieuse banane glacée. Offrez-vous votre dose quotidienne de potassium en achetant des bananes en promotion. Pelez-les et congelez-les pour en faire des smoothies, ou passez-les au robot pour obtenir un substitut crémeux à la crème glacée.

❖ Les chips de chou frisé. Oui, c'est bien ça. Faites-les rôtir comme des pois chiches et mangez-les à la place des chips.

Un tel chapitre ne serait pas complet sans une section sur les smoothies. Ce sont les incontournables de notre famille. La plupart de nos créations commencent par de la glace. Ajoutez vos fruits. Ajoutez vos assaisonnements. J'ajoute généralement une poignée de chou frisé congelé (ils ne le remarquent jamais). Versez un peu de lait d'amande, d'eau ou de jus. Réglez votre mixeur sur smoothie et préparez vos papilles. Il se peut que vous deviez l'arrêter si des fruits congelés se logent dans le fond (vous saurez qu'il a besoin d'un coup de pouce parce que votre mixeur commencera à gémir et finira par fumer). J'utilise le manche d'une cuillère en bois pour remuer les fruits et ajouter un peu de liquide. Il fonctionne alors comme sur des roulettes. J'ajoute un ou deux sachets de stévia si le goût est un peu trop acidulé. J'ai toujours des protéines en poudre non sucrées à portée de main si mes jeans me serrent et que j'ai besoin d'un en-cas céto. J'ai un grand verre toujours rempli de pailles pour toutes les occasions. Voici nos versions préférées ! Vous remarquerez que je mesure rarement quoi que ce soit. Faisons en sorte que ce soit simple et facile.

- ❖ Miam au chocolat. Quelques glaçons, des bananes congelées, deux cuillères à soupe de beurre de cacahuète, du chou frisé congelé, 20 g de flocons d'avoine et une bonne cuillère de cacao. Parfois, j'ajoute un peu de lait d'amande.
- ❖ Délice de myrtilles. Commencez par quelques glaçons, ajoutez des bananes congelées, bien sûr. Ajoutez un de ces sacs de myrtilles congelées que vous avez achetés en promotion et que vous avez mis de côté pour une utilisation future. J'ajoute généralement du lait d'amande.
- ❖ Choco-Avi-Shake. Un demi-avocat, quelques cuillères à soupe de cacao, un ou deux sachets de stévia, une cuillère à café de vanille, 250 ml de glace et un peu de lait de coco. Un vrai délice ! Très satisfaisant et céto en plus !
- ❖ Smoothie Aloha. Des oranges et de l'ananas en morceaux avec du jus de fruits.
- ❖ Sunshine Shake. Des fraises et des bananes, des protéines en poudre à la vanille avec du lait d'amande.
- ❖ Choco-Berry. Quelques glaçons, des fraises fraîches ou surgelées, quelques cuillères à soupe de cacao, du chou frisé surgelé et du lait d'amande.

❖ Minceur abdominale. Une banane, une poignée d'avoine, une poignée de fraises congelées et environ 200 ml d'eau.

❖ Frostie au chocolat. Des glaçons, quelques cuillères à soupe de cacao en poudre, une petite banane congelée, une demi-cuillère à café de vanille, un demi-litre de lait d'amande (le chou frisé congelé ne fait qu'accentuer l'aspect chocolaté).

❖ C'est un date. J'utilise du beurre d'amande au lieu du beurre de cacahuète. Hachez quelques dattes dénoyautées, ajoutez une banane et 200 ml de lait d'amande.

❖ Vert, vert, vert. Bien sûr, il s'agit presque uniquement d'épinards. J'ajoute une pomme coupée en tranches ou des morceaux d'ananas. J'ai toujours une banane congelée dans le congélateur. Parfois, j'ajoute un reste de concombre. J'ajoute quelques cuillères à soupe de yaourt grec nature. Je complète le tout avec un peu de jus d'orange. Il s'agit d'un smoothie détoxifiant qui ne fera pas de mal à vos papilles.

Agrémentez vos smoothies d'une garniture de fruits ou placez une rondelle de bananes sur le rebord d'un verre. Saupoudrez le tout d'avoine. Ces smoothies sont dignes de toutes les occasions, qu'il s'agisse d'un petit déjeuner de week-end ou d'un petit remontant d'après-midi d'été. Ils constituent un excellent petit déjeuner à emporter, qui vous permettra de rincer votre verre en plastique une fois au bureau.

Les entrées attirent une bonne partie de mon attention. Qu'il s'agisse de fêtes d'entreprise, de réunions de quartier ou d'un match entre amis, j'ai parfois besoin de quelque chose de plus raffiné que du céleri avec du beurre de cacahuète et des raisins secs. Le pire, c'est qu'on dirait que j'ai toujours besoin d'une entrée le jour le plus chargé de la semaine, lorsque je suis le moins bien préparé et le plus fatigué. C'est pourquoi vous avez besoin de quelques idées pour ne jamais être tenté de retomber en mode chips et sauce (halte ! Ne le faites pas !) Ces entrées plairont à coup sûr, et je n'ai inclus que les recettes que vous pouvez préparer à partir d'un garde-manger ou d'un congélateur bien garni.

* Vous trouverez une liste de courses à la fin de ce chapitre. Faites des réserves. Préparez les légumes ou les fruits selon les instructions lorsque vous les déballez et les conservez. Cela vous facilitera la vie et vous ne vous gratterez plus la tête en vous sentant comme un cancre.

La préparation est l'antidote à la tentation de servir à vos amis et à votre famille un plat qui a l'air bon, mais qui est rempli de graisses indésirables qui bouchent les artères. Il n'est pas nécessaire de les faire frire ou de les garnir d'un monticule de fromage. Adoptez un style de réception plus sain et ne sacrifiez pas votre élégance pour autant. Je vous promets que ces plats sont agréables à regarder, qu'ils mettent l'eau à la bouche et, oserais-je le dire ? Permettez-moi de le chuchoter. *Sain.* Optez pour la qualité. Toujours. Voici quelques-uns de nos plats préférés.

La lance de Poséidon

Ceci est incroyablement simple et glamour. Ce plat allie le croquant au savoureux. Et oui, vous pouvez le préparer en quelques minutes.

1. Pelez la peau d'un concombre anglais, en laissant quelques morceaux pour la couleur. Coupez le concombre en tranches.
2. Garnissez chaque tranche d'une cuillerée de yaourt grec assaisonné d'aneth et de raifort. En général, je mélange 250 g de yaourt avec trois cuillères à soupe d'aneth et une cuillère à soupe de raifort.
3. Déposez quelques morceaux de saumon fumé sur le dessus.

4. Il ne reste plus qu'à assembler le tout d'un élégant pic à cocktail.

5. Déposez quelques brins d'aneth sur le plateau et voilà ! C'est est prêt pour la dégustation.

Les pommes plaquées

Elles vous plairont à coup sûr ! Associer le croquant sucré de la pomme à la succulente saveur de la salade de poulet, c'est du génie ! Du pur génie.

1. J'achète toujours quelques poulets rôtis lorsqu'ils sont en promotion. Je les désosse, je les découpe en morceaux et je les congèle dans des sacs de congélation étiquetés. L'étape salissante est terminée. Il est temps de préparer une entrée. Sortez-en un du congélateur, passez-le au micro-ondes pendant une minute et le tour est joué.

2. Mettez le poulet décongelé dans un saladier. Ajoutez des canneberges séchées, des noix de pécan grillées et hachées, des tranches fines de céleri, des raisins coupés en deux, des petits morceaux d'ananas, etc. Si vous ne l'avez pas encore compris, je vide le réfrigérateur de tout ce que j'ai sous la main. Vous ne pouvez pas vous tromper. Sérieusement.

3. Créez une vinaigrette. Je commence par du yaourt grec, puis j'ajoute du jus de citron, du sel, du poivre et une pincée de curry en poudre.

4. Coupez une pomme entière en fines lamelles. Si vous ne l'utilisez pas immédiatement, arrosez la pomme d'un filet de jus de citron pour qu'elle ne brunisse pas.

5. Mettez une cuillère de salade de poulet dans chaque assiette. Boum !

6. Accompagnez d'un vin blanc et vous transformez en un clin d'œil votre repas en expérience culinaire de qualité.

Les rouleaux d'épingles

Quel que soit le jour de la semaine, il y a toujours un sac de tortillas dans mon réfrigérateur. Nous adorons les tacos et les burritos, et ces tortillas remplacent le pain dans les sandwichs. Quelle formidable façon de transporter la garniture jusqu'à la bouche, en se régalant les doigts et l'estomac au passage ! Ces tortillas se disposent joliment sur l'assiette et offrent une excellente présentation.

1. Commencez par une tortilla de n'importe quelle saveur que vous avez sous la main.
2. Créez la pâte à tartiner en mélangeant dans un bol du houmous, des épinards hachés, du basilic haché, quelques tomates séchées au soleil et quelques pignons de pin grillés.
3. Enduisez chaque tortilla d'une couche de votre mélange et roulez-les.
4. Coupez-les en tranches et présentez-les dans un plat. Ajoutez un brin d'herbes fraîches en guise de garniture pour donner plus de fantaisie au plat.

Des champignons farcis pas comme les autres

C'est plutôt chic ! Le plus beau, c'est que vous n'aurez pas à sacrifier la saveur pour des calories vides. La nourriture pour le cerveau atteint ainsi un tout autre niveau. Pensez-y de cette façon : commencez par des fibres et beaucoup de vitamines et de minéraux. Ajoutez un grand nombre d'antioxydants. Assaisonnez avec des éclats de saveur. Mettez-les au four et, en quelques minutes, vous aurez quelque chose de fabuleux à servir, même pour les occasions les plus raffinées. Ils sont d'une taille parfaite, super mignons et tellement bons pour vous.

1. Préchauffez le four à 180° C.
2. Essuyez les champignons frais avec un chiffon humide. Retirer les tiges. J'en fais deux douzaines car ils disparaissent rapidement. Disposez-les sur une plaque de cuisson.
3. Préparez un bol de délicieuse farce :
    a. J'utilise une base de reste de quinoa, environ 90 g.
    b. Ajoutez deux ou trois gousses d'ail émincées. Si votre famille l'apprécie, ajoutez un petit oignon haché. Faites sauter le tout dans un peu d'huile d'olive extra vierge.
    c. Utilisez quelques poignées d'épinards hachés et ajoutez-les à la poêle. J'y ajoute généralement mes restes de quinoa pour les réchauffer.
    d. Ajoutez quelques noix de pécan hachées.
    e. Hachez les pieds des champignons et ajoutez-les. Ne gaspillons rien.
    f. J'assaisonne souvent le mélange avec quelques cuillères à soupe de parmesan.
4. Remplissez les champignons en y déposant votre succulente farce.
5. Faites-les cuire au four pendant quinze ou vingt minutes.
6. Dressez les assiettes et accompagnez votre entrée d'un verre de vin blanc pour en faire une soirée élégante.

Les poivrons doux Mama Mia

Ces poivrons se déclinent en plusieurs couleurs et sont riches en antioxydants, en vitamine B6 , en vitamines C et A. Ils sont pleins de fibres, vous n'avez même pas besoin de les couper en tranches ou en dés et vous pouvez ignorer le désordre de leurs graines. Il n'y a rien de plus facile ! Faites mariner les poivrons et servez-les. Ai-je précisé qu'il s'agissait d'une entrée rapide ? Conservez-les dans un bocal hermétique pour une jolie présentation, et les enfants ne résisteront pas à l'envie de les attraper.

1. Achetez des poivrons en filet.
2. Lavez et séchez-les.
3. Enduisez-les d'un peu d'huile d'olive extra vierge et faites-les griller dans un four réglé à environ 160° C ; retournez-les après environ cinq minutes, pour les faire griller des deux côtés. Laissez-les refroidir.
4. Hachez des quantités égales d'herbes. J'utilise généralement de l'aneth et du persil car j'en ai toujours sur le rebord de la fenêtre. Coupez-les en dés.
5. Préparez la marinade :
    a. Ajoutez environ six sachets de stévia.
    b. Vous devrez mettre une quantité folle de sel. Ne craignez rien. Ajoutez simplement deux cuillères à soupe de sel. N'oubliez pas que les poivrons seront conservés à l'intérieur et que vous ne boirez pas la marinade.
    c. Incorporez 200 ml de vinaigre blanc et d'eau.
6. Mettez les herbes dans le fond d'un bocal à couvercle. Placez les poivrons grillés et versez la marinade. Laissez les poivrons s'imprégner de la saveur pendant une nuit et servez-les directement du bocal avec une longue fourchette pour les découper et les retirer.

Les bouchées Buffalo (ou les ailes de poulet pas comme les autres)

Parfois, on en a simplement besoin. Pas de jugement ici. Nous les faisons sans le poulet, et les invités soucieux des calories ne s'en plaignent jamais. Ils regorgent de fibres et sont parfaits pour être trempés dans vos sauces. Vous aurez besoin de serviettes. Ils sont incroyablement bons et si vous pouvez vous passer du poulet, c'est encore mieux pour vous.

1. Préchauffez le four à 230° C. Vaporisez-le d'un revêtement antiadhésif et tenez-le prêt.
2. Cassez des fleurettes de chou-fleur et mélangez-les à ce mélange d'enrobage :

    a. 60 g de farine

    b. Ajoutez vos assaisonnements préférés. Nous préférons une cuillère à café d'ail en poudre, du sel et du poivre. Mélangez le tout.

    c. Ajoutez 120 ml d'eau.

3. Placez les fleurettes de chou-fleur enrobées sur la plaque de cuisson préparée et laissez-les cuire pendant une quinzaine de minutes. Vous devrez probablement les retourner une fois au cours du processus.

4. Retirez-les lorsqu'elles sont prêtes, mais laissez le four allumé pour l'étape suivante. Versez un filet d'huile d'olive extra vierge et mélangez les fleurettes de chou-fleur pour les enrober. Remettez-les sur la plaque de cuisson et poursuivez la cuisson pendant encore une demi-heure. Vous voulez qu'elles soient croustillantes.

5. Lorsque vous les sortez du four, laissez-les reposer pendant dix ou quinze minutes.

6. Servez-les avec une sauce composée de yaourt grec nature mélangé à de l'ail en poudre et de l'aneth haché.

Addiction à la salsa

Nous ne nous en lassons pas et nous en faisons une énorme quantité. Servez-la avec des pains pita cuits au four pour une version plus saine des chips et de la salsa. Elle est bonne sur n'importe quel poulet ou poisson grillé. Elle habille les bâtonnets de céleri. Quelle que soit la combinaison, vous ne pouvez pas vous tromper. C'est l'accompagnement idéal pour toutes les fêtes. J'utilise principalement des ingrédients frais, je les mélange dans un bol et le tour est joué.

1. 4 tomates coupées en morceaux. Vous pouvez être pointilleux et utiliser des Romas, mais j'utilise ce que j'ai.

2. 1 mangue moyenne, pelée et coupée en morceaux.

3. 1 avocat mûr, coupé en morceaux.

4. 120 g de maïs surgelé.

5. 1 boîte de haricots noirs égouttés et lavés.
6. 1 petit oignon rouge, coupé en petits dés.
7. 2 ou 3 gousses d'ail coupées en dés.
8. Des piments jalapenos coupés en dés. Si j'enlève les graines, j'en utilise quatre. Si je laisse les graines, j'en utilise deux. Portez des gants pour cette opération et, pour l'amour du ciel, ne vous frottez pas les yeux. (Je suis déjà passé par là.)
9. 1 bouquet de coriandre en dés.
10. 3 cuillères à soupe de jus de citron vert.
11. 1 cuillère à soupe d'huile d'olive extra vierge.

Liste de courses

Avez-vous vu ce qu'il manquait à toutes ces entrées, smoothies et autres plaisirs ? De la viande rouge. J'ai utilisé un poulet rôti de mon congélateur. Vous allez commencer à revoir votre façon de faire les courses, et au lieu de dépenser beaucoup trop d'argent en viande rouge, vous allez allouer quelques-unes de ces économies au rayon des produits frais. Je vous donne une liste de produits que je garde en stock. J'en utilise certains comme entrée, et tout ce qui n'entre pas dans une recette ou une salade se retrouve dans une assiette de légumes frais.

Je m'occupe également de mes produits lorsque je les apporte dans la cuisine. La vie est mouvementée et le fait de faire un travail de préparation fait une énorme différence. Je sais qu'il s'agit simplement de changer un créneau horaire pour un autre, mais faites-moi confiance. Lorsque vos produits frais sont préparés et prêts à être utilisés, ils ne seront pas gaspillés. Vous les utiliserez.

Produits

♦ pommes, 1 sac
♦ oranges, 1 sac

- oignons rouges
- poivrons doux
- céleri - cassez les tiges, nettoyez-les, coupez-les en sections que vous utiliserez
- carottes : épluchez et coupez-les en lamelles
- bananes : achetez 4 ou 5 régimes, épluchez-les et congelez la plupart d'entre elles dans des sacs de congélation.
- épinards frais - je les lave et les mets en sachet. Si je ne peux pas les utiliser assez rapidement, je les congèle pour remplacer les glaçons dans les smoothies.
- des noix et des graines (nous les achetons généralement en vrac).
- ail, 1 tête ou bulbe
- des avocats si vous les utiliserez
- concombre anglais (avec une peau comestible) - en tranches
- tête de chou-fleur (ou 2) - Enlevez les fleurettes et conservez-les dans un sac au réfrigérateur
- myrtilles, 50 à 100 g. Nettoyez et congelez 70 g dans un sac de congélation.
- fraises - à moins que vous ne les utilisiez le lendemain, traitez-les. Nettoyez-les, coupez les tiges, coupez-les en tranches et congelez-les dans des sacs à sandwichs, en en plaçant plusieurs dans des sacs de congélation plus grands.
- raisins sans pépins, selon les produits en vente
- mangue si vous faites de la salsa
- piments jalapenos si vous faites de la salsa
- tomates
- ananas, s'il est en vente - épluchez, coupez et congelez des petits morceaux.
- champignons - s'ils sont en vente et que vous les farcissez cette semaine.
- canneberges séchées, et d'autres fruits secs si vous en préparez un mélange

♦ des herbes fraîches, si vous n'avez pas de jardin sur le rebord de votre fenêtre

Produits d'épicerie

♦ boîtes de haricots noirs lorsqu'elles sont en vente
♦ quinoa
♦ épices
♦ cacao noir 75-80%
♦ boîtes de tomates séchées au soleil
♦ tranches de pain pita si vous avez besoin d'un véhicule pour transporter une délicieuse bouchée
♦ beurre de cacahuètes (je recherche généralement une variété naturelle sans sucre)
♦ tortillas
♦ huile d'olive extra vierge, vinaigre, jus de citron et jus de citron vert

Rayon traiteur

♦ poulet rôti - j'en achète plusieurs lorsqu'ils sont en promotion. Je les désosse immédiatement et je conserve la moitié de chaque poulet dans des sacs de congélation séparés pour des repas ultérieurs.
♦ du saumon fumé si vous préparez des bouchées au concombre
♦ houmous

Rayon produits laitiers

♦ lait d'amande
♦ yaourt grec
♦ rayon congélateur
♦ maïs congelé

Résumé du chapitre

J'espère que vous écoutez Coach John et que vous revoyez vos habitudes alimentaires. Une fois que vous aurez commencé à manger sainement, à manger des tapas au dîner, à réduire la viande rouge et le sucre, vous ne reviendrez jamais en arrière.

- ♦ Dépensez votre argent dans des aliments que votre grand-mère reconnaîtrait.
- ♦ Achetez des produits frais, mangez des produits frais.
- ♦ Achetez beaucoup de produits en promotion si vous pouvez les congeler ou les utiliser plus tard.
- ♦ Mangez des repas plus légers.

Dans le chapitre suivant, vous découvrirez un grand nombre de nouvelles recettes d'entrées pour les repas du soir. Recherchez des plats que votre famille apprendra à aimer et habituez-vous à quelques recettes étonnantes pour les invités.

CHAPITRE HUIT

Une semaine de recettes de superaliments pour le cerveau

Ce chapitre est peut-être le plus précieux du livre. Ces recettes sont votre bouée de sauvetage pour un esprit pleinement opérationnel et un cerveau qui tourne à plein régime. Je me réjouis pour vous !

Recettes de petit déjeuner pour une semaine de super fonctionnement cérébral :

Casserole du dimanche matin (pour 6 personnes)

Ingrédients :

- 2 cuillères à soupe de la matière grasse de votre choix (huile d'olive extra vierge ou ghee) fondue
- 1 grande patate douce ou igname, coupée en dés
- ½ cuillère à café de sel marin fin
- 1 poivron, coupé en dés
- ½ oignon jaune, coupé en dés
- 60 g d'épinards hachés
- 10 œufs, fouettés
- ½ cuillère à café d'ail en poudre
- ½ cuillère à café de sel

Préparation :

1. Préchauffez le four à 200° C. Graissez un plat à four 9x12 avec de l'huile d'olive vaporisée.
2. Mélangez les patates douces coupées en dés avec l'huile d'olive et saupoudrez de sel.
3. Placez les patates douces sur une plaque de cuisson et faites-les cuire pendant 20 à 25 minutes, jusqu'à ce qu'elles soient tendres.
4. Pendant que les patates douces cuisent, faites chauffer une grande poêle sauteuse à feu moyen. Ajoutez l'oignon et le poivron. Laissez cuire jusqu'à ce que les oignons soient translucides et les poivrons tendres.
5. Placez votre mélange de légumes dans le fond de votre plat de cuisson. Ajoutez les patates douces et les épinards. Ajoutez ensuite les œufs ainsi que l'ail en poudre et du sel. Mélangez jusqu'à ce que le tout soit bien homogène.
6. Mettez au four et laissez cuire pendant 25-30 minutes, jusqu'à ce que les œufs soient pris au milieu.

Pain doré Ezekiel (pour 1 ou 2 personnes)

Ingrédients :

- 2 tranches de pain Ezekiel
- 2 œufs
- 2 cuillères à soupe de lait d'amande
- 1 cuillère à soupe de cannelle
- 1 cuillère à café de miel brut (facultatif)
- 1 cuillère à café d'huile de coco
- garnitures au choix (je recommande le sirop d'érable pur, les fraises et les bananes coupées en tranches)

Préparation :

1. Faites chauffer une poêle antiadhésive à feu doux ou moyen. Graissez la poêle avec de l'huile de coco.
2. Fouettez les œufs, le lait, la cannelle et le miel dans un bol de taille moyenne. Transférez le mélange d'œufs dans un moule à tarte ou un bol à fond plat.
3. Plonger le pain Ezekiel dans le mélange d'œufs pendant 15 secondes de chaque côté.
4. Faites cuire le pain Ezekiel pendant 2 à 3 minutes de chaque côté, jusqu'à ce qu'il soit doré.
5. Servez chaud avec les garnitures de votre choix.

Omelette Olé (pour 2 personnes)

Ingrédients :

♦ huile d'olive extra vierge
♦ 4 œufs
♦ 1 cuillère à soupe de lait d'amande
♦ légumes en dés au choix (poivrons, oignons, restes de pommes de terre au four en tranches, etc.)
♦ 60 g de fromage de chèvre frais (ou un fromage râpé de votre choix)
♦ 60 g de jeunes pousses d'épinards
♦ coriandre
♦ 1 avocat coupé en tranches
♦ 50 g de sauce salsa

Préparation :

1. Versez un filet d'huile d'olive extra vierge dans une sauteuse de taille moyenne à feu moyen, ajoutez les légumes et faites-les cuire jusqu'à ce qu'ils soient tendres.
2. Pendant ce temps, battez les œufs et le lait dans un petit bol.

3. Ajoutez les œufs battus dans la poêle, puis remuez une fois, de manière à ce que les légumes soient mélangés aux œufs. Réduisez le feu à faible intensité pendant trois minutes. Soulevez les bords du mélange d'œufs à mesure qu'il cuit et inclinez la poêle pour que les œufs non cuits remplissent le fond. Quand la préparation est légèrement ferme, ajoutez le fromage de chèvre et repliez l'omelette sur le côté. Couvrez la poêle avec du papier d'aluminium et laissez-la sur feu doux pendant encore quelques minutes, jusqu'à ce que les œufs soient bien cuits. Éteignez la cuisinière et laissez la poêle couverte, en laissant la chaleur résiduelle faire cuire l'omelette jusqu'à ce que le centre soit complètement cuit.

4. Servez avec des tranches d'avocat et de la salsa. Les pommes de terre rissolées et le pain grillé ne vous manqueront même pas !

Œuf dans son nid (pour 2 personnes)

Ingrédients :

- 2 œufs
- 1 cuillère à soupe d'huile d'olive extra vierge
- 1 avocat coupé en deux
- sel et poivre
- sauce salsa

Préparation :

1. Versez un filet d'huile d'olive dans votre sauteuse à feu moyen.
2. Lorsqu'elle est chaude, cassez vos œufs dans la poêle, en les faisant frire comme vous le souhaitez.
3. Glissez chaque œuf dans un demi-avocat.
4. Garnissez de salsa. Mmmh !

Pancakes aux flocons d'avoine et au babeurre (pour 4 personnes)

Ingrédients :

- 120 ml d'eau
- 60 g de lait sec instantané
- 1 cuillère à soupe de miel
- 500 ml de babeurre
- 120 g de flocons d'avoine
- 130 g de farine de blé entier
- 1 cuillère à café de bicarbonate de soude
- 1 à 2 œufs battus
- 1 cuillère à soupe d'huile de coco
- Fruits frais et miel en garniture ou sirop de fruits rouges

Préparation :

1. Mélangez l'eau, le lait et le miel. Incorporez le babeurre. Ajoutez les flocons d'avoine. Laissez le mélange au réfrigérateur pendant une nuit pour ramollir les flocons d'avoine.
2. Incorporez le reste des ingrédients en battant.
3. Faites cuire les pancakes dans une poêle chaude recouverte d'huile de coco fondue. Maintenez le feu à un niveau bas. Lorsque les pancakes sont couverts de bulles, retournez-les et laissez-les cuire à cœur.
4. Servez avec les garnitures.
5. Pour préparer un sirop de fruits rouges : mixez 450 g de baies congelées dans votre mixeur. Ajoutez 1 cuillère à café de fécule de maïs et faites bouillir à feu moyen, en remuant fréquemment. Laissez cuire jusqu'à ce que le mélange s'épaississe. Servez chaud sur les pancakes.

Granola (plus de 12 portions)

Ingrédients :

- 500 g de flocons d'avoine
- 80 g de germes de blé
- 40 g de flocons de son
- 180 g de graines de sésame
- 60 g de graines de tournesol
- 80 g de millet entier
- 2 cuillères à soupe de levure de bière
- 140 g de noix de coco râpée
- 230 g de graines de citrouille
- 140 g d'amandes tranchées
- 150 g de noix hachées
- 500 g de fruits secs
- 340 g de miel
- 1 cuillère à café de vanille
- 120 ml d'huile de coco

Préparation :

1. Préchauffezr le four à 200° C.
2. Mettez les flocons d'avoine dans une casserole ou une cocotte et faites-les griller en les secouant fréquemment.
3. Ajoutez le reste des ingrédients secs. Faites griller pendant encore 5 minutes.
4. Ajoutez l'huile de coco, le miel et la vanille. Mélangez bien. Faites griller 5 minutes de plus.
5. Conservez dans un récipient hermétique.

Wrap du matin ensoleillé (pour 4 personnes)

Ingrédients :

- ◆ 4 œufs
- ◆ ¼ de cuillère à café de poivre, saupoudrage de sel
- ◆ 180 g de reste de riz
- ◆ 1 poivron rouge, coupé en dés
- ◆ huile de coco
- ◆ 4 tortillas de 15 cm
- ◆ 110 g de fromage râpé fumé
- ◆ Sauce salsa

Préparation :

1. Préchauffer le four à 180° C.
2. Versez un filet d'huile de coco dans une poêle à feu moyen. Faites cuire le poivron jusqu'à ce qu'il soit tendre.
3. Réchauffez le riz au micro-ondes.
4. Fouettez les œufs avec du sel et du poivre.
5. Ajoutez les œufs au mélange de légumes et faites cuire en remuant pour brouiller les œufs.
6. Enveloppez les tortillas dans du papier d'aluminium et réchauffez-les au four pendant quelques minutes.
7. Pour assembler, superposez le mélange d'œufs et de légumes avec le riz, le fromage râpé et la salsa au milieu d'une tortilla. Plier le tiers gauche vers le centre. Rouler le bord inférieur vers le haut.
8. Servez immédiatement en ajoutant de la salsa. Vous pouvez les conserver dans une boîte hermétique et réchauffer un ou deux wraps à la fois au four à micro-ondes pendant 1 à 2 minutes.

Riz au lait du petit déjeuner (en quelque sorte) (pour 4 personnes)

Ingrédients :

- Versez des quantités égales de riz brun et de liquide dans une marmite instantanée. J'utilise moitié eau, moitié lait d'amande.
- Fruits secs.
- Faites cuire en position riz.
- Servez avec des myrtilles et du lait d'amande.

Recettes pour le déjeuner

Soupe réconfortante aux carottes, au gingembre et au curcuma (pour 2 personnes)

Ingrédients :

- 3 carottes coupées en dés
- 1 oignon blanc coupé en dés
- 3 gousses d'ail émincées
- 1 cuillère à soupe de gingembre frais râpé
- 2 cuillère à soupe de curcuma frais râpé
- 1 L de bouillon de légumes
- 1 cuillère à soupe de jus de citron
- Lait de coco en conserve (pour la garniture)
- Graines de sésame (pour la garniture)

Préparation :

1. Coupez l'oignon et la carotte en petits morceaux (il n'est pas nécessaire d'être précis, car tout sera mixé à la fin). Râpez finement le gingembre et le curcuma.
2. Chauffez une petite quantité d'huile d'olive extra vierge dans le fond d'une grande marmite et faites sauter l'oignon pendant 3 minutes jusqu'à ce qu'il soit translu-

cide. Ajoutez l'ail, le curcuma et le gingembre. Faites sauter encore une minute.

3. Ajoutez la carotte coupée en dés et faites revenir encore deux ou trois minutes.
4. Ajoutez le bouillon de légumes et laissez mijoter pendant 20 à 25 minutes, jusqu'à ce que les carottes soient bien cuites et tendres.
5. Transférez la soupe dans un mixeur et veillez à ce que les ingrédients soient bien mélangés.
6. Incorporez le jus de citron.
7. Servez avec un tourbillon de lait de coco et garnissez de graines de sésame.

Soupe au poulet et aux légumes (pour 12 à 15 personnes)

Ingrédients :

- Un poulet de 1 ou 2 kg (cuisson à l'étouffée, à la friteuse, cuisses, pilons, poitrines, etc. à poids égal)
- 1,5 à 2 L d'eau
- 1 oignon moyen coupé en dés
- 4 gousses d'ail émincées
- 3-4 carottes coupées en tranches
- 4 branches de céleri avec feuilles, coupées en tranches
- 200 g de riz brun
- 450 g de maïs surgelé ou 420 g de maïs entier en conserve égoutté
- 450 g de haricots verts surgelés ou 420 g de haricots verts en conserve, égouttés
- 4 grosses pommes de terre coupées en dés
- 500 g de pâtes (sauf si du riz est utilisé). Rotini, Fusilli, Farfalle, pâtes roues, orzo, toutes saveurs
- 30 g de persil plat frais haché ou 20 g de persil sec
- 30 g de thym frais haché ou 20 g de thym sec
- 90 g de chou vert ou rouge, coupé en tranches

Préparation :

1. Préparez le poulet et le bouillon : placez le poulet dans un grand faitout et ajoutez suffisamment d'eau pour le couvrir. Laissez le couvercle entrouvert pour que la vapeur s'échappe, puis portez à ébullition. Laissez mijoter pendant environ une heure, jusqu'à ce que le poulet soit tendre. Retirez le poulet et filtrez le bouillon. Lorsque le poulet est suffisamment froid pour être manipulé, retirez la viande de l'os. Jetez la peau et les os. Utilisez comme indiqué ci-dessous ou conservez pour un autre jour.
2. Faites revenir l'oignon et l'ail dans un petit filet d'huile d'olive extra vierge. Ajoutez-les au bouillon.
3. Ajoutez les carottes, le céleri, le riz et les légumes surgelés au bouillon. Laissez mijoter jusqu'à ce que les carottes soient tendres.
4. Ajoutez les pommes de terre et les pâtes.
5. Ajoutez les herbes, le chou et faites cuire jusqu'à ce que le chou commence à ramollir, mais qu'il soit encore un peu croquant.

Taco Verdes (pour 2 personnes)

Ingrédients :

♦   4 tortillas
♦   200 g de tofu
♦   1 avocat mûr
♦   2 cuillères à soupe de jus de citron
♦   60 ml d'huile de coco
♦   1 cuillère à café d'aneth frais émincé
♦   ½ cuillère à café de sel
♦   60 ml d'eau
♦   1 boîte de haricots noirs égouttés
♦   1 petit oignon coupé en dés

♦ 100 g de laitue et de pousses
♦ Sauce salsa

Préparation :

1. Dans un blender, mixez le tofu, l'avocat, le jus de citron, l'huile, les assaisonnements et l'eau.
2. Faites revenir l'oignon jusqu'à ce qu'il devienne translucide. Ajoutez les haricots noirs et faites chauffer.
3. Préparez des tacos avec les haricots noirs, le mélange mixé, les légumes et la salsa dans chaque tortilla.

Le salade bowl de l'extrême (pour 8 personnes)

Ingrédients :

♦ 1 laitue rouge
♦ 1 laitue romaine
♦ 1 sac de jeunes pousses d'épinards frais
♦ 1 cuillère à café de poivre au citron
♦ 1 boîte de pois chiches égouttés
♦ 1 boîte de haricots noirs égouttés
♦ 1 brocoli
♦ 1 chou-fleur
♦ 2 poivrons, un vert et un rouge, coupés en fines lamelles
♦ 40 g d'amandes tranchées
♦ 60 g de canneberges séchées
♦ 190 g de myrtilles
♦ 30 g de graines de tournesol
♦ 30 g de graines de citrouille
♦ 60 g de yaourt grec nature
♦ 2 cuillères à soupe d'aneth émincé

Préparation :

1. Coupez les feuilles de laitues en petits morceaux.
2. Saupoudrez généreusement les feuilles de laitues de poivre au citron et mélangez.
3. Ajoutez les haricots égouttés.
4. Coupez les fleurettes de brocoli et de chou-fleur et ajoutez-les.
5. Ajoutez les lamelles de poivron.
6. Ajoutez toutes les noix, les graines et les fruits.
7. Mélangez la vinaigrette de yaourt et d'aneth, ajoutez et mélangez bien.

Bowl de salade d'œufs (pour 4 personnes)

Ingrédients :

♦   6 œufs durs écalés
♦   Mayonnaise et moutarde
♦   Sel et poivre
♦   Deux grosses tomates

Préparation :

1. Coupez les œufs durs en dés.
2. Ajoutez la mayonnaise et la moutarde et mélangez pour humidifier et maintenir les œufs ensemble.
3. Assaisonnez avec du sel et du poivre.
4. Coupez les tomates en deux et retirez la pulpe.
5. Servez la salade d'œufs dans les tomates creuses.

Taboulé en bocal (pour 2 personnes)

Ingrédients :

- 500 ml d'eau
- 2 cubes de bouillon
- 400 g de boulgour ou de blé concassé
- 60 g de persil plat frais haché
- 30 g d'oignons hachés
- 2 tomates fraîches coupées en morceaux
- 2 cuillères à soupe de menthe fraîche hachée
- 180 ml de jus de citron (environ le jus de 4 citrons)
- 120 ml d'huile d'olive extra vierge
- Extras : fleurettes de brocoli, courgettes hachées, fleurettes de chou-fleur.

Préparation :

1. Faites cuire le blé dans de l'eau chaude avec le bouillon pendant au moins une heure, ou jusqu'à ce que le liquide soit absorbé.
2. Ajoutez au blé le persil, les oignons, les tomates, le jus de citron et l'huile.
3. Ajoutez vos extras préférés.
4. Mélangez légèrement le tout et répartissez dans des bocaux de conserve d'une contenance d'un demi-litre. Rangez-les dans le réfrigérateur pour les prendre le matin en allant au travail.

Dîner du dimanche et repas du soir

Piccata de poulet

Ingrédients :

- 2 poitrines de poulet désossées, coupées en deux et séchées
- 30 g de farine d'amande
- 5 cuillères à soupe d'huile d'olive extra vierge
- 6 cuillères à soupe d'huile de coco
- 80 ml de jus de citron frais (deux à trois citrons)
- 30 g de câpres
- 20 g de persil plat frais haché
- sel et poivre selon vos goûts
- 140 g de jeunes champignons Portabello coupés en tranches
- 500 ml de bouillon de poule
- 380 g de riz brun

Préparation :

1. Placez le bouillon de poulet et le riz brun avec les assaisonnements appropriés dans votre marmite instantanée. Réglez sur le mode riz et ne vous en préoccupez pas.
2. Assaisonnez le poulet avec du sel et du poivre. Versez de la farine d'amande dans un bol et enrobez les deux côtés, en secouant l'excédent.
3. Dans une grande poêle, faites fondre 2 cuillères à soupe d'huile de coco avec 3 cuillères à soupe d'huile d'olive. Lorsque l'huile commence à grésiller, ajoutez 2 morceaux de poulet et faites-les cuire pendant 3 minutes, ou jusqu'à ce qu'ils soient dorés. Retournez et laissez cuire l'autre côté. Retirez les morceaux de poulet et placez-les dans une assiette. Si vous cuisinez pour plus

de personnes, rajoutez de l'huile de coco et de l'huile d'olive dans la poêle et poursuivez la cuisson d'autres morceaux de poulet.

4. Avec une cuillère à soupe d'huile de coco, faites revenir les champignons. Retirez-les avec le poulet.

5. Remettez la casserole sur le feu et ajoutez le jus de citron, le bouillon et les câpres. Portez à ébullition, en grattant les morceaux bruns de la poêle pour plus de saveur. Goûtez pour vérifier l'assaisonnement, puis remettez le poulet et les champignons dans la poêle pendant cinq minutes.

6. Dressez le poulet sur un lit de riz. Ajoutez le reste de l'huile de coco à la sauce et fouettez-la bien. Versez la sauce sur le poulet et garnissez de persil.

Poulet au four et orzo (pour 2 personnes)

Ingrédients :

- ♦ 120 g d'orzo
- ♦ 250 ml de bouillon de poulet
- ♦ 2 filets de poisson blanc de 110 à 140 g chacun (cabillaud, aiglefin ou tout autre poisson frais de votre supermarché local)
- ♦ 2 gousses d'ail écrasées
- ♦ 1 cuillère à soupe d'huile d'olive extra vierge
- ♦ 340 g de tomates cerises coupées en deux
- ♦ 1 cuillère à soupe de vin blanc
- ♦ 45 g d'olives noires ou de kalamata dénoyautées
- ♦ une poignée de basilic frais finement haché

Préparation :

1. Mettez l'orzo et le bouillon dans votre marmite instantanée et réglez sur le mode riz. Laissez mijoter tranquillement.

2. Versez l'huile d'olive dans un grand plat allant au four et réglez sur feu moyen. Lorsque l'huile devient brillante, ajoutez l'ail. Faites-le cuire en le remuant souvent. L'ail brûlé devient amer. L'ail doit être parfumé mais pas bruni. Une à deux minutes.
3. Ajoutez les tomates. Incorporez le vin blanc. Retirez du feu.
4. Assaisonnez les filets de poisson. Placez-les dans la poêle de façon à ce qu'ils touchent le fond de la poêle. Garnissez les deux filets d'olives et de feuilles de basilic. Déposez une partie des tomates et du jus de cuisson sur le dessus des filets.
5. Transférez le plat au four et faites cuire pendant dix à quinze minutes.
6. Servez avec de l'orzo et des courgettes ou de la courge d'été sautées.

Patates douces grillées au curry de noix de coco (pour 2 personnes)

Ingrédients :

- 2 grosses patates douces, rincées, frottées et séchées. Coupez les parties abîmées. Coupez en morceaux de 5 cm.
- 2 cuillères à soupe d'huile de coco fondue
- 1 cuillère à soupe de curry en poudre
- 1 cuillère à café de sel de l'Himalaya selon le goût

Préparation :

1. Préchauffez le four à 210° C.
2. Dans un grand saladier, mélanger les cubes de patates douces avec l'huile de coco fondue, le curry et le sel jusqu'à ce que les pommes de terre soient bien enrobées d'huile et d'épices.

3. Répartissez les pommes de terre assaisonnées dans un grand plat à four et placez-le sur la grille centrale du four.

4. Réglez le minuteur sur quarante-cinq minutes. Retournez les pommes de terre toutes les quinze minutes pour éviter qu'elles ne brûlent.

Chaudrée de fruits de mer (pour 4 personnes)

Ingrédients :

Bouillon de poisson :

- 1 à 2 kg de têtes de poisson. Veillez à retirer la peau, les arêtes, les nageoires et les queues.
- Sel
- 2 cuillères à soupe d'huile de coco
- 1 oignon haché
- 2 carottes hachées
- 2 branches de céleri hachées, avec leurs feuilles
- 230 ml de vin blanc
- 1 poignée de champignons séchés, de préférence matsutake
- 2 feuilles de laurier

Chaudrée :

- 1 cuillère à soupe d'huile de coco
- 50 g d'oignon jaune ou blanc haché
- 2 branches de céleri hachées. Utilisez les feuilles.
- 700 g de pommes de terre pelées et coupées en dés
- 1 à 1,5 L de bouillon de poisson ou 1 L de bouillon de poulet plus 250 à 500 ml d'eau
- 450 à 900 g de poisson coupé en morceaux
- 160 g de maïs frais ou décongelé
- 150 g de crème fraîche

◆ poivre noir selon le goût
◆ 2 cuillères à soupe d'aneth frais haché ou de ciboulette
  pour la garniture

Préparation :

1. Pour préparer le bouillon, portez une grande casserole
    d'eau à ébullition et salez-la bien. Ajoutez les têtes de
    poisson. Lorsque l'eau revient à ébullition, faites cuire
    pendant 1 minute. Retirez les morceaux de poisson et
    conservez-les, mais jetez l'eau. En blanchissant les têtes
    de poisson de cette manière, vous obtiendrez un bouil-
    lon au goût plus pur.

2. Essuyez la casserole. Ajoutez l'huile et réglez le feu à
    une température de moyenne à élevée. Lorsque l'huile
    est chaude, ajoutez l'oignon, la carotte et le céleri, en
    remuant souvent. L'oignon devrait être cuit au bout de
    quatre à cinq minutes. Ajoutez le vin blanc pour dégla-
    cer la poêle. À l'aide d'une cuillère en bois, raclez les
    morceaux brunis au fond de la casserole. Ajoutez les
    feuilles de laurier et les champignons séchés. Laissez le
    vin bouillir pendant une minute ou deux, puis ajoutez
    le poisson blanchi. Couvrez avec suffisamment d'eau
    fraîche pour recouvrir le tout d'environ un cm. Portez
    à un très léger frémissement (à peine bouillonnant) et
    laissez cuire pendant quarante-cinq minutes.

3. Préparez un grand bol pour le bouillon et placez une
    passoire au-dessus. Recouvrez la passoire d'une ser-
    viette en papier ordinaire ou d'une étamine. Éteignez
    le feu sous le bouillon et versez-le à la louche à travers
    la passoire, et dans le bol. N'essayez pas de récupérer
    les derniers morceaux de bouillon dans la casserole, car
    elle sera pleine de débris. Jetez le contenu de la casse-
    role et de la passoire, mais conservez le bouillon.

4. Pour préparer la chaudrée, faites fondre l'huile de coco
    à feu moyen. Ajoutez l'oignon et le céleri et faites reve-

nir jusqu'à ce qu'ils soient tendres. Ajoutez les pommes de terre et le bouillon de poisson ou de poulet et portez à ébullition. Ajoutez du sel selon votre goût. Faites cuire jusqu'à ce que les pommes de terre soient tendres, environ quinze à vingt minutes.

5. Ajoutez le maïs et les morceaux de poisson. laissez cuire doucement pendant environ cinq minutes, jusqu'à ce que le poisson soit à peine cuit. Éteignez le feu et incorporez les herbes, la crème fraîche et le poivre noir.

Pâtes au pesto (pour 5-6 personnes)

Ingrédients :

- un paquet de 500 g de pâtes au choix (rotini, fusilli, farfalle etc.)
- 40 g de feuilles de basilic frais
- 140 g de pignons de pin
- 1 gousse d'ail hachée
- 40 g de parmesan
- 1 cuillère à soupe de fromage râpé
- 120 ml de lait d'amande
- 120 ml de jus de citron
- 200 g de yaourt grec non aromatisé
- ½ cuillère à café de sel
- une pincée de piment de Cayenne

Préparation :

1. Faites cuire les pâtes en suivant les instructions de l'emballage.
2. Dans un mixeur ou un robot ménager, mélangez les feuilles de basilic, les pignons de pin, l'ail, le fromage, le jus de citron et le lait d'amande jusqu'à ce qu'ils soient bien hachés. Ajoutez le yaourt, le sel et le poivre, et

mixez le pesto jusqu'à ce qu'il soit lisse, en s'arrêtant pour racler les parois si nécessaire.

3. Égouttez bien les pâtes. Remettez-les dans la même casserole. Ajoutez le pesto et mélangez bien pour enrober uniformément les pâtes. Transférez dans un plat de service et garnissez de feuilles de basilic si vous le souhaitez.

Boulgour espagnol (pour 2 personnes)

Ingrédients :

- 2 cuillères à soupe d'huile de coco
- 1 gousse d'ail hachée
- 50 g d'oignons verts hachés
- ½ poivron vert coupé en dés
- 250 g de boulgour
- 190 g de haricots rouges ou pinto cuits
- 1 cuillère à café de paprika
- sel selon le goût
- ¼ de cuillère à café de poivre noir
- huit à dix tomates

Préparation :

1. Faites chauffer l'huile de coco dans une poêle et faites-y revenir l'ail, les oignons verts, le poivre vert et le boulgour jusqu'à ce que le boulgour soit enrobé d'huile et que les oignons soient translucides.
2. Ajoutez les haricots, le paprika et les assaisonnements.
3. Blanchissez les tomates pour enlever les peaux, coupez-les et ajoutez-les à la poêle.
4. Couvrez et portez à ébullition, puis réduisez le feu et laissez mijoter pendant environ quinze minutes, jusqu'à ce que le liquide soit absorbé et que le boulgour soit tendre. Ajoutez du bouillon de poulet ou de l'eau si nécessaire.

Tourbillons de lasagnes (pour 4 à 6 personnes)

Ingrédients :

- 8 pâtes à lasagne
- 900 g d'épinards frais
- 2 cuillères à soupe de parmesan
- 250 g de fromage ricotta
- ¼ de cuillère à café de noix de muscade
- 2 cuillères à soupe d'huile de coco
- 2 gousses d'ail émincées
- 25 g d'oignons hachés
- 450 g de sauce tomate
- ½ cuillère à café de basilic
- ½ cuillère à café d'origan

Préparation :

1. Faites cuire et égouttez les pâtes à lasagne jusqu'à ce qu'elles soient al dente. Mettez-les de côté. Préchauffez le four à 180° C.
2. Lavez les épinards, mettez-les dans une casserole avec un couvercle hermétique et faites-les ramollir pendant environ sept minutes à feu moyen.
3. Égouttez les épinards et pressez-les dans une étamine ou du papier absorbant pour éliminer l'excès d'humidité. Mélangez-les avec les fromages et la noix de muscade. Assaisonnez le mélange avec du sel et du poivre.
4. Enrobez chaque pâte du mélange et roulez-les. Placez-les dans un moule peu profond avec le côté ouvert vers le bas.
5. Chauffez l'huile de coco et faites revenir l'ail et l'oignon jusqu'à ce que l'oignon soit translucide. Ajoutez la sauce tomate et les herbes. Laissez mijoter, assaisonnez selon le goût.

6. Versez la sauce sur les pâtes et faites cuire pendant vingt minutes au four.

Qu'en est-il de ces moments où une envie de sucre vous fait craquer ? Lorsque vous avez besoin de regarder quelque chose en boucle et que vous devez grignoter ? J'ai quelques recettes saines pour ces situations. On ne peut manger des baies ou des desserts qu'un certain nombre de fois avant de se rebeller naturellement, et n'oubliez pas que j'ai mis l'accent sur les petits pas !

Biscuits aux pépites de chocolat hyperprotéinés

Préchauffez le four à 190° C. J'utilise du papier sulfurisé sur les plaques de cuisson parce que je n'aime pas laver les moules, alors si vous êtes comme moi, tapissez ces plaques avant de commencer à cuisiner. Il ne s'agit pas d'une version puriste des biscuits, mais plutôt d'une version qui vous permet de vous faire plaisir tout en faisant le plein de protéines.

Ingrédients :

- 240 g de beurre
- 50 g de sucre brun à la stévia ou à l'érythritol (d'accord, utilisez du sucre blanc si vous souffrez !)
- 2 œufs
- 40 g de lait en poudre
- 1 cuillère à café de bicarbonate de soude
- 240 g de farine de blé entier
- 1 cuillère à café de sel
- 1 paquet de pépites de chocolat
- 70 g de noix hachées (cacahuètes, noix de cajou ou noix non salées)
- 60 g de graines de tournesol ou de citrouille non salées

Préparation :

1. Faites fondre le beurre jusqu'à ce qu'il soit mou.
2. Ajoutez les sucres et mélangez jusqu'à ce que le tout soit bien homogène.
3. Ajoutez les œufs.
4. Je suis paresseux et j'ajoute tous les ingrédients secs dans un puits sur le côté du bol en une seule fois. Je les mélange ensuite complètement.
5. Ajoutez les pépites de chocolat, les noix et les graines.
6. Déposez sur les plaques de cuisson tapissées de papier sulfurisé des cuillerées en fonction de la taille des biscuits que vous souhaitez obtenir. Faites cuire 8 à 10 minutes. S'ils s'étalent trop, il faut ajouter de la farine. S'ils sont trop gonflés, vous avez ajouté trop de farine.

Le vin

Vous vous souvenez que je vous ai dit qu'un verre de vin était bon pour la santé ? J'ai grandi dans un foyer abstinent et j'ai dû apprendre à marier les vins pour obtenir des résultats satisfaisants. Voici quelques conseils qui pourraient vous être utiles.

◆ Votre vin doit être à la fois plus acide et plus doux que votre plat.

◆ Votre vin doit être aussi intense que les plats de votre menu.

◆ Un vin blanc se marie mieux avec le poulet et les fruits de mer.

Les gourmands décrivent vingt saveurs différentes dans les aliments. J'ai trouvé cela assez incroyable. Ces saveurs comprennent le sucré-salé habituel, et vont jusqu'à des sensations beaucoup plus éclectiques. Pour associer un vin, il suffit de savoir trois choses. Quel est le degré de sucrosité du vin ? Quel est le degré d'amertume du vin ? Quel est le degré d'acidité du vin ?

Je m'appuie sur deux principes de base : est-ce que cela me plaît ? Est-ce que c'est pour le dîner ou le dessert ? Vous voyez comme c'était facile ? Pour le dîner, je choisis un vin blanc ou rouge de base (si je sers du bœuf). Pour le dessert, j'opte pour un Moscato ou un vin mousseux. Un verre par jour. N'oubliez pas que le vin est riche en calories, c'est donc comme le chocolat noir. Une portion. Soyez honnête et ne trichez pas sur ce point !

Résumé du chapitre

Vous devriez maintenant vous sentir à l'aise avec les recettes qui nourrissent votre cerveau. Cette fois-ci, vous devrez dresser votre propre liste de courses, car je ne peux pas savoir à quel moment et à quelle vitesse vous plongerez dans ce monde de menus stimulants pour le cerveau. Êtes-vous en train de cocher les cases de votre calendrier ? Si vous êtes toujours avec moi, vous êtes à quelques mois de vivre avec un cerveau ultra-performant. Je suis fière de vous !

- ◆ Ce que vous avez remarqué dans ce chapitre, c'est qu'il est facile de trouver et de préparer des aliments pour le cerveau.
- ◆ Avez-vous remarqué l'absence de viande rouge ? Je vous ai spécifiquement proposé des recettes pour compléter celles que vous connaissez déjà.
- ◆ N'oubliez pas d'intégrer progressivement ces nouveaux plats à votre régime alimentaire. Il n'est pas nécessaire de divorcer d'un bon steak. Une séparation cordiale avec droit de visite suffit.

Dans le prochain chapitre, vous apprendrez à détoxifier votre cerveau. Cela semble effrayant, n'est-ce pas ? Ça va aller, je vous le promets.

CHAPITRE NEUF

Comment se détoxifier pour améliorer la santé cérébrale

On entend beaucoup parler de désintoxication, mais soyons sûrs que nous sommes tous sur la même longueur d'onde. Physiologiquement, il s'agit d'une fonction cellulaire à laquelle votre corps travaille sans relâche. Lorsque vos cellules se détoxifient, elles emballent les débris restants sous forme d'aliments et de sécrétions qui sont excrétés par le corps. Bien entendu, les aliments sont évacués par le tube digestif. Mais vous évacuez également des toxines par les voies respiratoires, la sueur et les voies génito-urinaires. Pour accomplir cette tâche, le foie, les poumons, la vésicule biliaire, la peau, les reins et, bien sûr, le cerveau sont tous impliqués.

De tous les organes du corps, c'est le cerveau qui souffre le plus lorsque des toxines circulent dans le système. On entend constamment parler d'agressions telles que le tabac, les médicaments, les aliments inflammatoires, l'alcool, les drogues, les métaux lourds, les micro-organismes, les produits chimiques et les polluants environnementaux, mais l'hypothèse naturelle est qu'elles affectent des organes spécifiques et la circulation sanguine. Peu de gens s'arrêtent pour réfléchir à ce qui se passe lorsqu'ils traversent la barrière hémato-encéphalique et envahissent le sanctuaire intérieur de la pensée et de la fonction.

Cela se produit lorsque vos défenses naturelles sont débordées. Les métabolites malsains déclenchent un dysfonctionnement mitochondrial et les cellules rebelles se reproduisent. Les carences métaboliques, l'immunotoxicité et la neuroinflammation (inflammation du cerveau) commencent à affecter votre système. En conséquence, l'énergie de votre corps est détournée vers les points chauds, comme le cerveau. Le cœur et les muscles souffrent, et vous ressentez de la fatigue, un brouillard mental, des difficultés cognitives.

Vous commencez votre programme d'alimentation saine, vous apprenez à suivre les protocoles MIND, mais il y a encore des toxines qui se cachent dans votre cerveau, et vous devez vous débarrasser de cette saleté le plus tôt possible. Si vous êtes prêt à tourner la page, détoxifions-nous !

Je vais vous suggérer d'entreprendre un régime d'élimination complet. Pour certains d'entre vous, ce régime ne sera pas le même que pour d'autres. Certains d'entre vous ne sont pas diabétiques, mais sont sensibles au sucre. Certains d'entre vous sont sensibles au sel et souffrent de ballonnements lorsqu'ils se laissent tenter par des collations salées. Certains d'entre vous se disent : « *Je n'ai pas ce genre de problèmes, je n'ai pas besoin de ça !* » Voilà ce qu'il en est. Vous n'avez pas *encore* de tels problèmes. Vous avez quand même besoin de vous déoxifier.

Commencez par vous concentrer sur ce que vous mangez. Mangez autant de couleurs que possible dans un éventail de fruits et de légumes différents. Toutes ces couleurs contiennent des vitamines et des nutriments essentiels au processus. Incluez chaque jour dans votre alimentation du gingembre, du curcuma, de l'ail, des betteraves, des germes de brocoli et des herbes comme le thym et le romarin. Mangez des légumes à feuilles sombres et des légumes crucifères comme le chou. Mangez des noix, des légumineuses et des aliments gras comme les avocats et les bananes. Tout cela vous semble familier ? Vous êtes déjà sur la bonne voie, n'est-ce pas ?

Ajoutez-y l'alimentation par intervalles. C'est ce qu'on appelle le **jeûne intermittent**. Il s'agit de permettre à votre corps de faire une pause dans la digestion et de détourner l'énergie du tube digestif vers les organes que votre corps utilise pour la désintoxication. Consultez votre médecin, mais sachez qu'il n'est pas nécessaire d'en faire trop. Un simple jeûne intermittent permet à votre corps de concentrer son énergie sur les organes qui détoxifient plutôt que sur le tube digestif qui absorbe un énième repas.

Il s'agit peut-être d'un concept nouveau pour vous, mais en réalité, ses racines remontent à l'Antiquité. De nombreuses religions pratiquent le jeûne pour se rapprocher du Tout-Puissant, et certains recommandent le « jeûne » comme une forme de régime, mais il est temps d'examiner ce que le jeûne est et ce qu'il n'est pas. Jeûner, ce n'est pas s'affamer pour perdre du poids. Il s'agit d'un contrôle volontaire de votre consommation de nourriture en dehors des normes sociétales des trois repas par jour. Observez le déroulement d'une journée normale.

Vous vous levez et rompez le jeûne d'une nuit de repos. Lorsque vous mangez, votre corps fait grimper l'insuline pour couvrir l'afflux attendu de nutriments. Bien entendu, vous mangez probablement plus que ce dont vous avez besoin pour le moment, et votre corps transforme le surplus en glycogène (sucre stocké dans le foie). Au fil de la journée, l'espace de stockage de tout ce glycogène est surchargé et votre corps commence à transférer ce glycogène en graisse (également stockée dans le foie, bien que j'en trouve beaucoup autour de mon tour de taille). Au cours de tous ces repas, votre corps n'a pas le temps de gérer les niveaux croissants de toxines et c'est comme une situation qui ne demande qu'à se compliquer.

Lorsque vous jeûnez, c'est le contraire qui se produit. Votre corps transforme son réservoir de graisse en glycogène. Ce glycogène est ensuite métabolisé en glucose. Votre corps se « régale » de la graisse du sol. Consultez un médecin et soyez prudent. Commencez par un objectif simple. Prenez un repas à jeun et voyez comment votre corps réagit à l'expérience. Développez ensuite vos efforts. Élaborez un planning, par exemple deux fois par semaine en mangeant pendant huit heures et en jeûnant pendant seize heures. Certains jeûnent vingt-quatre heures deux fois par semaine.

N'oubliez pas que l'objectif est la désintoxication. Il n'est pas nécessaire d'en faire trop. Il suffit de laisser votre corps se reposer de son travail normal de traitement d'une trop grande quantité de nourriture, et il commencera son nettoyage et son régime interne. Tels sont les avantages physiologiques connus du jeûne intermittent :

- ◆ réduction du stress oxydant (cette surcharge de radicaux libres dont nous avons parlé).
- ◆ désintoxication de votre système.
- ◆ réinitialisation de votre taux d'insuline.
- ◆ mise de l'organisme en cétose (brûler les graisses au profit du sucre pour fournir de l'énergie).
- ◆ bienfaits anti-âge.
- ◆ niveaux plus élevés d'hormone de croissance humaine.
- ◆ réduction des taux de triglycérides dans le sang.

Pendant votre désintoxication, essayez de minimiser les toxines et les contaminants alimentaires. Recherchez des produits biologiques pour minimiser l'exposition aux pesticides et aux résidus de produits chimiques agricoles. Utilisez des cosmétiques, des produits d'hygiène personnelle et des produits d'entretien écologiques. En faisant attention à ce que vous mangez et utilisez, vous vous rendrez compte de l'ampleur de la contamination de notre environnement.

Parallèlement, augmentez votre niveau d'exercice. Courez, marchez, inscrivez-vous à un cours de yoga, dansez ou faites du vélo. Faites bouger votre corps et commencez à transpirer. C'est vrai. Éliminez ces toxines !

N'oubliez pas de surveiller votre consommation d'eau. Remplissez votre bouteille d'eau plusieurs fois par jour. Votre corps a besoin d'éliminer les toxines, mais comment peut-il le faire s'il est déshydraté ? Nous parlons ici d'eau, on ne compte pas l'envie coupable de boire un soda au déjeuner ou le café du matin. Buvez de l'eau pour vous déoxifier.

Résumé du chapitre

De nos jours, tout le monde veut se détoxifier, mais généralement pour de mauvaises raisons. L'organe le plus important de votre corps est votre cerveau. Éliminons ces toxines tenaces pour rester dynamique et vigilant.

- Il n'est pas difficile de détoxifier son cerveau. Faites attention à ce que vous mangez. Buvez beaucoup d'eau. Faites de l'exercice.
- Le jeûne intermittent est un excellent moyen de détoxification et un mode de vie sain à adopter.
- Il s'agit d'un mode de vie, pas d'une solution ponctuelle.

Dans le chapitre suivant, vous apprendrez comment être en bonne santé et le rester. Tout repose sur votre système immunitaire et sa stimulation maximale.

CHAPITRE DIX

Renforcez votre système immunitaire

Nous parlons de notre système immunitaire en termes de prévention des maladies, et à juste titre. Vous souvenez-vous de l'événement auquel vous avez assisté l'autre soir ? Celle où cette personne n'a pas arrêté de tousser ? Les microbes ambulants propagent les maladies, c'est vrai, mais devez-vous être la prochaine victime ?

Lorsque nous parlons de votre capacité à lutter contre les maladies, nous nous référons à plusieurs facteurs fondamentaux. Quelle est la virulence de l'organisme responsable de la maladie ? S'agit-il d'un microbe qui évolue depuis plusieurs jours ou d'une superbactérie à l'origine d'une épidémie mondiale ? La réponse dépend beaucoup de vous. Êtes-vous bien reposé ? Quelle est la force de votre système immunitaire ? Votre corps peut combattre la plupart des infections s'il est armé jusqu'aux dents avec les bons guerriers systémiques et si vous fonctionnez au maximum de vos capacités. Évidemment, tout cela affecte votre capacité à penser, à traiter les informations et à travailler avec une efficacité maximale. Voyons ce qui compose votre **système immunitaire** et comment vous pouvez l'améliorer.

Vous serez peut-être surpris d'apprendre qu'une petite guerre s'est déroulée toute votre vie dans les coulisses de votre corps. Votre peau est votre première ligne de défense. Les bronches de vos poumons tentent d'évacuer les toxines gazeuses et l'acide gastrique s'efforce de neutraliser les toxines ingérées. Certaines toxines échappent à ces mécanismes de défense. Dès qu'un agent pathogène pénètre dans votre système, la guerre commence.

Le système lymphatique, la rate, les amygdales et le thymus jouent un rôle majeur dans la production d'agents destinés à combattre les agents pathogènes envahissants. Vous serez peut-être surpris d'apprendre que votre intestin joue également un rôle important dans ce processus. Je sais, n'est-ce pas ? Encore et encore, vous apprenez que ce que vous mangez et la façon dont ces aliments sont digérés sont beaucoup plus importants que vous ne l'avez jamais imaginé. Écoutez encore une fois le coach John. Le réseau complexe de cellules et de systèmes qui vous maintiennent en bonne santé dépend fortement de votre intestin. Ils dépendent d'un intestin sain.

Pas moins de soixante-dix pour cent de vos cellules immunitaires résident le long des voies de votre système intestinal. La muqueuse intestinale sécrète des anticorps qui identifient et détruisent les bactéries nocives. Votre tube digestif synthétise également des vitamines et des composés qui agissent pour ou contre vous. Lorsque l'organisme se fait la guerre à lui-même, on parle de maladie auto-immune. Celles-ci prennent la forme de maladies chroniques et souvent handicapantes qui peuvent vous affecter toute votre vie. Si vous connaissez quelqu'un qui souffre de lupus, de polyarthrite rhumatoïde ou de fibromyalgie, vous savez déjà que vous voulez éviter de contracter ces maladies.

Renforçons ce que nous avons déjà appris :

- ◆ pour une santé intestinale optimale, il faut des probiotiques.

- ◆ les aliments transformés sont dépourvus de leurs qualités innées.
- ◆ cuisiner à partir de zéro avec de vrais ingrédients est utile.
- ◆ une alimentation saine signifie que vous consommez de vrais aliments.
- ◆ les viandes et les produits biologiques vous permettent d'éliminer les pesticides que vous ne voulez pas manger.

Discutez avec votre médecin ou un prestataire de soins holistiques de vos éventuelles sensibilités alimentaires. Il se peut que vous souhaitiez supprimer le gluten, les produits laitiers ou le soja de votre alimentation. Les analyses de selles permettent d'évaluer les niveaux de bactéries intestinales et d'identifier les déséquilibres. Les aliments que vous consommez et la façon dont votre corps les traite sont importants, et c'est à vous de devenir le détective qui recherche les informations nécessaires à une santé et à un fonctionnement cérébral optimaux.

Il convient également d'examiner vos niveaux de vitamines. Qu'est-ce qui circule dans votre sang ? Quels sont les ingrédients de base avec lesquels votre cerveau doit travailler pour vous permettre de passer la journée ? La vitamine D est probablement la vitamine la plus importante pour le système immunitaire. De nombreux médecins et thérapeutes holistiques recommandent une supplémentation de 2 000 à 5 000 UI de vitamine D par jour. Demandez à votre médecin de vérifier votre taux pour déterminer la quantité dont vous avez besoin.

La vitamine C est une autre vitamine qui influe sur le système immunitaire. Les personnes soumises à un stress physique et surtout émotionnel accru risquent de contracter un rhume. Vous souvenez-vous que nous avons parlé de la virilité ou de la force d'un organisme en relation avec la façon dont vous êtes prêt à le combattre ? Lorsque l'organisme est stressé, il n'est pas en mesure de lutter aussi bien. Augmentez votre taux de vitamine C pour réduire l'incidence du rhume. Les professionnels de la santé suggèrent de prendre des suppléments de 1 000 mg à 5 000 mg par jour. Si vous ne consommez pas de vitamine C, il se peut que vous ayez besoin de suppléments.

Votre système immunitaire aime une alimentation équilibrée composée d'aliments entiers, non transformés et riches en antioxydants. Cela vous dit-il quelque chose ? Ce que vous apprenez, c'est l'importance des aliments que vous consommez et la façon dont ils influencent non seulement votre santé actuelle, mais aussi la façon dont vous vous sentirez demain, le jour suivant et dans dix ans. Deux superaliments influencent votre système immunitaire. Le premier consiste à manger quatre ou cinq portions de légumes verts par jour. Laitue, moutarde brune, chou vert, épinards, chou frisé... vous devriez maintenant les connaître par cœur ! L'autre superaliment pourrait vous surprendre. Les champignons. Saviez-vous que les champignons regorgent de vitamine D ? Certaines études suggèrent que divers champignons en offrent bien plus. Le maïtaké et le reishi semblent également stimuler l'activité des globules blancs.

En outre, inscrivez davantage d'ail à votre menu. Lorsqu'il est écrasé, l'ail libère de l'allicine, un composé qui combat les microbes à l'origine des infections.

Enfin, vous renforcez votre système immunitaire avec suffisamment de **sommeil** chaque nuit. Les guérisseurs recommandent de dormir sept à huit heures par nuit, ce qui est un luxe pour la plupart des adultes, mais néanmoins nécessaire. Un sommeil insuffisant diminue votre capacité à lutter contre les maladies. Si vous avez du mal à vous endormir ou à rester endormi toute la nuit, consultez votre médecin. Des déséquilibres chimiques ou hormonaux peuvent être en cause. Essayez de prendre de la mélatonine ou de la racine de valériane avant de vous coucher pour améliorer la qualité de votre sommeil.

Résumé du chapitre

Pour avoir un système immunitaire fort, vous devez protéger et nourrir votre cerveau.

- ◆ Consommez des aliments riches en vitamines C et D.
- ◆ Adoptez un régime alimentaire équilibré et intégrez des légumes verts à chaque repas. Mangez plus de champignons frais.
- ◆ Dormez comme si votre vie en dépendait. Parce que c'est le cas.

Mots de la fin

Merci de m'avoir invité chez vous, d'avoir pris le temps de lire et d'assimiler ces informations, de m'avoir permis d'être votre coach motivationnel. Si vous avez pris note de vos apports et ajusté vos habitudes alimentaires, vous remarquez une différence visible dans votre apparence et votre état d'esprit. Si vous avez tardé à vous y mettre, il n'est pas trop tard. C'est là tout l'intérêt de ce livre. Vous pouvez vous rattraper lorsque vous ressentez les effets d'une indulgence excessive et rééquilibrer votre organisme.

En tant que coach, j'ai essayé d'identifier les questions qui sous-tendent la raison pour laquelle vous avez acheté ce livre. J'ai essayé de vous fournir un cadre pour comprendre pourquoi vous devez changer, et je vous ai offert des recettes pour vous aider à faire ces changements. Cependant, le coaching est bien plus que cela. En tant que coach, il est important que je vous incite à vous voir tel que vous êtes et tel que vous voulez être.

Prenez un moment et faites la liste de ce que vous voyez en vous en ce moment. Dressez la liste des bonnes habitudes, des indulgences, des preuves d'un excès de consommation et d'un manque d'exercice.

Faites maintenant la liste de ce que vous voulez devenir. Comment vous changeriez-vous si vous le pouviez ? Si le temps et l'argent n'étaient pas un obstacle ? Dressez la liste de ces changements, même si vous les jugez irréalisables.

C'est dans l'espace entre les deux listes que la motivation entre en jeu. Pour continuer à faire des changements et à devenir plus sain, vous devez rester motivé. Voici des moyens de vous offrir le plus beau des dividendes : une personne plus jeune et en meilleure santé.

- ♦ Trouvez un partenaire de responsabilisation et faites un pacte, fixez-vous un objectif.
- ♦ Continuez à suivre vos progrès.
- ♦ Créez un carnet ou un système de classement pour les recettes saines.
- ♦ Élaborez un planning de repas que votre famille suivra.
- ♦ Établissez une liste de courses principale pour les achats hebdomadaires.
- ♦ Continuez à faire des petits pas. Ne rendez pas les choses trop difficiles et ne vous contentez pas de ce qui vous semble confortable.
- ♦ Trouvez le type d'exercice physique que vous aimez et que vous ferez régulièrement.
- ♦ Achetez une bouteille d'eau que vous aimez et remplissez-la régulièrement.
- ♦ Apprenez à cuisiner à partir de rien.

Vous avez lu le livre une fois et vous êtes arrivé à la fin. Maintenant, revenez en arrière et pliez le coin des pages qui vous ont été les plus utiles. Mettez en évidence les concepts que vous souhaitez approfondir. Relisez le livre, plus lentement, en prenant des notes. C'est là que vous trouverez l'or. Je sais que certains d'entre vous ont simplement parcouru et lu chaque chapitre rapidement.Vous avez levé le nez sur certaines recettes. Vous avez haussé les épaules et vous vous êtes dit : « pfff ! » Maintenant, vous lisez les derniers mots pour voir si vous voulez vraiment plonger dans le processus de votre propre changement. Permettez-moi de vous promettre ceci : si vous le faites, vous regarderez en arrière dans trois mois et vous serez étonné du changement que cela a apporté à votre vie, à votre travail, à vos relations.

Votre santé est la seule chose que vous pouvez posséder sans l'intervention d'autres personnes. Vous pouvez choisir ce que vous mangez. Vous pouvez choisir de laisser tomber le soda et de boire un verre d'eau fraîche et rafraîchissante. Vous pouvez choisir de manger moins de steaks ou de hamburgers et plus de poisson. Vous pouvez choisir de manger des légumes verts. Vous pouvez choisir de marcher davantage. Aucun gouvernement, aucun patron, aucun ami ne vous en empêche. Tout dépend de vous. Demandez-vous ce que vaut votre santé. Il est temps de faire ces changements avant qu'il ne soit trop tard pour préserver sa santé.

Je sais que vous voulez faire ces changements parce que vous avez pris le livre et que vous êtes arrivé jusqu'ici. Maintenant, allez jusqu'au bout. Revenez en arrière, reprenez les choses qui vous ont fait lever le nez et trouvez un moyen d'y remédier. Il faut parfois une tragédie pour que nous soyons prêts à changer, et je prie pour que ce ne soit pas le cas pour vous. Parfois, il suffit de se prendre par le col et de se secouer pour se sentir concerné et faire ce qui doit être fait. Comme je n'habite pas près de chez vous et que nous ne pouvons pas nous rencontrer lors de séances hebdomadaires, mes pages doivent faire le travail pour moi. Alors, revenez en arrière. Relisez le livre. Faites vos devoirs. Maîtrisez votre destin.

Apprenez autant que possible. Je vous ai donné une liste complète de ressources, et vous apprendrez beaucoup en lisant les autres sources que vous trouverez. Ces lectures renforcent ce que vous avez appris et offrent un intérêt composé dans le but d'accroître votre motivation à rester en bonne santé, à mieux manger et à faire plus d'exercice. En plus de lire davantage, suivez les bons conseils. Le monde est plein de colporteurs qui vendent des remèdes faciles à tout ce qui vous fait souffrir.

Votre santé est trop précieuse pour que vous essayiez de vous soigner vous-même ou que vous suiviez de mauvais conseils.

Renseignez-vous le plus possible et demandez l'avis de plusieurs personnes avant de procéder à des changements radicaux. Examinez d'un œil critique les régimes à la mode. Apprenez à reconnaître les compétences des prestataires de soins de santé en qui vous avez confiance et observez leurs patients. Obtenez des recommandations. Ma plus grande préoccupation en tant que coach est que vous en appreniez juste assez pour vous mettre en danger ou devenir la proie de quelqu'un qui utilise le bon verbiage mais qui n'a pas l'expertise nécessaire pour s'occuper de vous. Le monde est dangereux, mes amis. Soyez intelligents, soyez vigilants.

N'oubliez pas qu'une bonne santé passe par une alimentation saine et beaucoup de couleurs. Je ne recommande pas de prendre des pilules, des suppléments ou des poudres. Je ne vends aucun produit. Je veux plutôt vous vendre de la santé. Une santé optimale. Une santé rayonnante. Laissez-moi vous faire économiser une fortune et beaucoup de temps. Considérez la nourriture comme votre amie et laissez ses couleurs vous guérir. Considérez l'eau comme la source de la vie. Buvez-la. Considérez l'exercice comme la danse de la vie. Intégrez-le un peu dans votre routine quotidienne. C'est le Coach John qui vous quitte. Jusqu'à notre prochaine rencontre, soyez heureux. Portez-vous bien. Soyez bienveillants envers vous-même.

GLOSSAIRE

Les antioxydants - Il s'agit de substances chimiques dérivées des aliments que nous consommons et dont la principale fonction est d'équilibrer les oxydants présents dans votre circulation sanguine. Permettez-moi d'expliquer cela. Votre corps est une machine complexe avec toutes sortes de contrôles et d'équilibres, de mouvements et de contre-mouvements. Les oxydants sont les résidus de la création par votre corps de nouvelles substances chimiques métabolisées à partir des aliments que vous consommez.

Les antioxydants sont des composés guerriers que l'organisme synthétise pour lutter contre l'oxydation. L'un d'entre eux est le glutathion, fabriqué à partir de trois acides aminés : la glutamine, la glycine et la cystéine. Des millions et des millions de réactions chimiques ont lieu chaque jour dans votre corps. Au cours de ce processus, certains composés deviennent instables, avec un électron libre ou supplémentaire. (Rappelez-vous vos anciens cours de chimie organique et la description des protons et des électrons de chaque élément). Ce minuscule électron libre est appelé *radical libre*.

Votre corps produit certains de ces radicaux libres dans la vie de tous les jours. Il est exposé à certains d'entre eux par le biais du tabagisme, des radiations et d'autres polluants. Il en acquiert certains en raison du stress et de la consommation d'alcool. Lorsque l'équilibre entre les antioxydants et les radicaux libres est rompu, il en résulte un stress oxydant. Ce stress affaiblit les membranes cellulaires. Il endommage le tissu conjonctif et le collagène (pensez à vos genoux !). C'est un facteur précurseur du cancer et des maladies cardiovasculaires. Il est responsable de maladies auto-immunes telles que l'arthrite et le psoriasis. Il affecte le diabète. Vous ne pouvez pas vous permettre d'ignorer cette partie essentielle de votre régime alimentaire.

Le système nerveux autonome - On l'appelle souvent le système nerveux involontaire parce qu'il fonctionne pendant le sommeil et sans aucune autodirection. Perdre le contrôle des muscles, c'est perdre son autonomie personnelle, peut-être perdre un travail particulier ou encore perdre des activités chères. La perte de vos fonctions autonomes est désastreuse. Le fonctionnement de votre cerveau et la longévité de votre cœur dépendent de la capacité de votre corps à être le cheval de trait le plus efficace que l'humanité ait jamais connu.

Il fonctionne à partir de la moelle épinière, à l'arrière du cerveau, et se divise en deux centres distincts : le sympathique et le parasympathique. Ces deux centres de contrôle remplissent des fonctions différentes, activant et désactivant souvent divers interrupteurs. Quel est le rapport entre votre dîner et tout cela ? Plus que vous ne le pensez.

Prenons un exemple parmi tant d'autres. Vous vous levez le matin et vous voulez faire monter l'adrénaline, ce qui permet au système nerveux sympathique de se mettre au travail. Celui-ci exécute son rôle de combat ou de fuite tout au long de la journée. Il a besoin d'un neurotransmetteur pour transmettre tous ces messages à l'ensemble de l'organisme. Que se passe-t-il lorsque vous voulez vous coucher le soir ? Le parasympathique travaille en opposition directe, en utilisant l'acétylcholine pour signaler des substances chimiques comme la sérotonine pour vous permettre de vous détendre et de vous endormir. Imaginez une petite roue dans une cage de hamster. Le hamster court et court, la faisant tourner dans une seule direction. Puis, tout à coup, il s'arrête, grignote peut-être une bouchée de nourriture et commence à faire tourner la roue dans la direction opposée. Votre cerveau est comme la roue du hamster, et le sens dans lequel il tourne dépend des neurotransmetteurs qui activent les transmissions nerveuses.

Les neurotransmetteurs sont des substances chimiques que votre corps fabrique et stocke dans les terminaisons nerveuses, prêtes à être activées sur commande pour que différents événements puissent se produire. Ils utilisent tous le même cerveau, les mêmes nerfs, les mêmes jonctions, mais chaque neurotransmetteur déclenche un type différent de réaction chimique avec un type différent de résultat. Votre corps synthétise ces neurotransmetteurs à partir des aliments que vous consommez.

Cette réalité saisissante nous échappe souvent lorsque nous nous gavons de chips et de sodas devant la télévision, n'est-ce pas ? Pas étonnant que nous fonctionnions mal ! La chaîne d'approvisionnement pour la fabrication de ces conductions nerveuses est interrompue. Si vous le faites assez souvent et assez longtemps, le désordre biologique s'installe. Si vous voulez éviter une telle tragédie, mangez des fruits, des légumes et des céréales complètes. Ce sont les sources des éléments constitutifs dont vous avez besoin.

L'alimentation saine - Il y a une pléthore d'experts qui veulent vous vendre le concept de l'alimentation saine. *Inscrivez-vous à mon programme (moyennant un abonnement mensuel)* ou *achetez mon magazine.* Vous pouvez faire l'un ou l'autre, ou les deux, mais sachez ce qu'est une alimentation saine. Ensuite, essayez-la. Enfin, voyez si vous avez besoin de payer pour participer à un programme ou si vous voulez vous abonner à un magazine.

Les chercheurs décrivent l'alimentation saine en termes simples et compréhensibles :

- ◆ mangez de vrais aliments. Nous en avons déjà parlé, n'est-ce pas ? Évitez les aliments transformés et mangez des choses que votre grand-mère reconnaîtrait.
- ◆ mangez pour être en bonne santé, pas pour ressentir du plaisir.
- ◆ mangez plus de plantes.

Quel est le contraire d'une alimentation saine ? Les additifs alimentaires, tout d'abord. Évitez les substituts du sucre comme l'aspartame, une neurotoxine connue. Le glutamate monosodique (GMS) stimule les cellules nerveuses et finit par les user. Certains pensent qu'il bloque la sensation de satisfaction, ce qui incite à manger davantage. D'autres personnes y sont tout simplement sensibles et ressentent des maux de tête, des nausées, des bouffées de chaleur ou même des palpitations après l'avoir ingéré. Les acides gras trans sont des additifs destinés à prolonger la durée de conservation des aliments transformés.

Vous pouvez les trouver sur les étiquettes sous des noms comme acide laurique, acide myristique, variations de l'acide linoléique et acide arachidonique. Les colorants alimentaires sont ajoutés aux aliments transformés parce que leurs colorants naturels ont été éliminés au cours de la transformation ou pour inciter l'acheteur à prendre un emballage attrayant. Chaque additif coloré est lié à des recherches sur divers carcinomes ou maladies. Le sulfite de sodium, les nitrates de sodium et les nitrites de sodium sont d'autres conservateurs à éviter. Le BHA et le BHT sont ajoutés aux aliments transformés pour les empêcher de changer de couleur et de devenir rances. Le dioxyde de soufre est un conservateur qui détruit la vitamine E de votre corps. Le bromate de potassium est ajouté aux produits de boulangerie.

Remarquez-vous la tendance ? Lorsque vous regardez les étiquettes et que vous avez du mal à lire certains mots, posez l'aliment. Ces additifs difficiles à lire sont le contraire d'une alimentation saine. Mangez les aliments tels qu'ils sont. Pas comme les fabricants les ont transformés.

Les flavonoïdes - Ces puissants dérivés des aliments que vous consommez interagissent avec les enzymes pour des performances optimales. Une étude décrit leur capacité à augmenter les interactions avec les neuroprotéines et à faciliter les connexions vasculaires en augmentant l'apport sanguin. De nombreuses études préliminaires suggèrent l'existence d'un lien vital entre la santé de votre cerveau et ces éléments de base.

Chez les plantes, ils font partie des processus fondamentaux d'utilisation des rayons ultraviolets dans la photosynthèse et d'utilisation de l'azote dans une vie végétale saine. L'Institut Linus Pauling décrit six variétés différentes de ces micronutriments : les anthocyanidines (baies, raisins et vin), les huiles de flavan-3 (thé, cacao, baies, raisins et pommes), les flavanones (oignons, brocolis, baies, pommes et thés), les flavones (agrumes et jus) et les isoflavones (soja et légumineuses). Les flavonols sont les plus courants. Ils sont bénéfiques pour les plantes et, lorsque vous les consommez, ils continuent à l'être pour vous.

Lorsque vous mangez ces fruits et légumes colorés, dégustez du chocolat, buvez du vin ou du thé oolong. Vous ingérez ces composés et ils sont métabolisés ou transformés en substances chimiques qui signalent à votre organisme qu'il doit entreprendre des actions anti-inflammatoires, anti-diabétiques et anti-cancéreuses. Les essais cliniques sont suffisamment prometteurs pour que l'on s'en préoccupe. À ce stade, les preuves sont sommaires, mais les chercheurs espèrent pouvoir prouver leur valeur dans les mécanismes de neuroprotection. Cela annoncerait un changement dans la façon dont nous traitons la démence en la prévenant complètement. Je m'attends à ce que des preuves soient apportées et je recommande toutefois que nous mangions comme si c'était déjà le cas. Cela ne peut que vous rendre plus sain, et si cela permet de prévenir la maladie d'Alzheimer, c'est un grand plus !

Le système immunitaire - Votre système immunitaire est une partie de votre corps beaucoup plus importante que vous ne l'imaginez. Nous avons parlé de la peau comme première ligne de défense, mais ce que vous ne savez peut-être pas, c'est que les cellules épithéliales (comme la peau) sont des guerrières qui tapissent chaque surface de votre corps exposée au monde extérieur. Votre gorge, vos intestins, vos vaisseaux sanguins et tous vos organes ont un revêtement épithélial. Consultez un vieux livre de biologie pour en savoir plus. Certains sont plats (cellules épithéliales squameuses qui tapissent les vaisseaux sanguins et les poumons), cuboïdaux (dans les reins et d'autres glandes), colonnaires (dans les intestins, le nez et la gorge) et ciliés (tapissés de petits poils qui poussent le mucus autour d'eux).

Si votre organisme ne parvient pas à repousser un microbe, il entre en guerre en interne. Si vous poursuivez vos recherches, vous vous souviendrez d'un chapitre sur l'immunité humorale, qui consiste en une deuxième ligne de défense de l'organisme. Les deux plus courantes sont la barrière hémato-encéphalique et la barrière sang-liquide céphalo-rachidien. Chacune tente de filtrer les microbes avant qu'ils n'infectent le cerveau ou le système nerveux, qui contrôle l'ensemble de l'organisme.

S'ils franchissent la première ligne de défense, c'est la guerre. Les globules blancs ne représentent qu'environ 1 % du sang, mais ils travaillent sans relâche. Il en existe cinq types :

- ◆ les monocytes - ils décomposent la paroi cellulaire des bactéries.
- ◆ les leucocytes - ces cellules créent des anticorps pour lutter contre les bactéries et les virus.

- ♦ les neutrophiles - ces cellules permettent l'hémolyse et digèrent les bactéries.
- ♦ les éosinophiles - ils s'attaquent aux cellules cancéreuses et aux allergènes.
- ♦ les basophiles - ils déclenchent la libération d'histamine et d'autres substances chimiques combattant les réactions allergiques.

Lorsque vous êtes infecté par une maladie, vos globules blancs et leurs systèmes de soutien entrent en jeu. Ils produisent de l'interféron, qui tente de perturber les virus, et des macrophages pour évacuer les matières mortes. Si les microbes de la maladie pénètrent dans vos cellules, la phagocytose (par l'intermédiaire des leucocytes) commence, en essayant d'entourer les cellules envahissantes et de les maîtriser. Les granulocytes (neutrophiles, éosinophiles et basophiles) attaquent les protéines des bactéries et les neutralisent.

Lorsque vous tombez malade et que vous consultez votre médecin, il se peut que l'on vous fasse une prise de sang pour analyser vos globules blancs. Un résultat normal se situe entre 5 000 et 10 000 globules blancs. Si une numération différentielle est demandée, vous verrez beaucoup de chiffres qui peuvent vous sembler insignifiants à première vue. Ce tableau montre à quoi ressemble une formule sanguine saine.

Globules blancs par type	Pourcentage de la numération formule sanguine
neutrophile	de 55 à 73%
lymphocyte	20-40%
éosinophile	1-4%
monocyte	2-8%
basophile	0.5-1%

La détermination des cellules présentes, de leur taux élevé ou faible, permet de déterminer le type d'infection que votre corps combat.

Sérieusement, cela ressemble à une saga épique du bien et du mal, avec des forces héroïques luttant parfois contre des obstacles insurmontables, tout cela dans le but de vous garder en vie. Tout ce que vous pouvez faire pour renforcer votre système immunitaire fournit à ces globules blancs l'énergie et les ressources nécessaires pour mener cette guerre. Lorsque vous les privez de ce dont ils ont besoin en adoptant une mauvaise alimentation ou encore en vous couchant tard, vous devenez vulnérable aux maladies

Que se passe-t-il lorsque le système immunitaire s'emballe ? Si votre corps s'emballe et produit trop de globules blancs, on vous diagnostique une leucémie ou un lymphome. Un autre problème survient lorsque le système produit trop de cellules et que celles-ci n'arrivent jamais à maturité. Il s'agit d'un trouble myéloprolifératif, qui est diagnostiqué lorsqu'un déséquilibre des cellules est constaté. Si votre organisme va trop loin dans la guerre et commence à considérer vos cellules comme l'ennemi, vous développez une maladie auto-immune comme le lupus, la fibromyalgie, l'arthrite ou le psoriasis. Le corps commence à s'attaquer à lui-même.

Tout cela montre l'importance de maintenir un système immunitaire sain et en pleine forme.

Le jeûne intermittent - Les recherches abondent dans ce sens : nous mangeons trop, trop souvent. Accorder à notre corps une pause dans son besoin incessant de digérer de plus en plus d'aliments présente de nombreux avantages. Ces bienfaits s'articulent autour de quatre changements fondamentaux qui se produisent lorsque le corps est au repos :

♦ les niveaux d'insuline diminuent de manière significative et, par conséquent, vous commencez à brûler des graisses.

♦ votre taux sanguin d'hormone de croissance augmente. Beaucoup. Cela facilite également la combustion des graisses tout en stimulant la croissance musculaire.

♦ votre corps entame d'importants processus de réparation, comme le transport des déchets vers les dépôts d'excrétion.

♦ il s'agit là d'un point important. Votre corps stimule plusieurs gènes et molécules liés à votre système immunitaire et à votre longévité.

Tout cela se produit lorsque vous participez à un cycle de jeûne intermittent. Il ne s'agit pas de régimes draconiens. Il s'agit plutôt d'un retrait programmé de la nourriture. Deux ou trois jours par semaine, vous vous adaptez à un programme de 8 heures de repas et de 16 heures sans nourriture ni eau. Certains s'abstiennent de manger et de boire pendant vingt-quatre heures deux fois par semaine. Parlez-en à votre médecin. Faites un essai. Déterminez ce qui vous convient. Voici quelques-uns des autres bienfaits dont vous bénéficierez.

1. Bien sûr, vous perdrez cette graisse du ventre tenace. Attendez-vous à une taille plus fine.
2. À moins que vous ne vous goinfriez pendant vos autres heures de travail, vous perdrez également du poids.
3. Vous réduirez votre risque de diabète de type 2.
4. Vous réduirez l'inflammation et le stress oxydant dans votre corps.
5. Il n'y a pas de preuve concluante, mais il existe des preuves prometteuses que le jeûne réduit le risque de cancer.

Ce sont les bienfaits pour le cerveau qui nous intéressent le plus ici. Le jeûne intermittent augmente les niveaux d'une hormone cérébrale appelée *facteur neurotrophique dérivé du cerveau (BDNF)*. Les scientifiques pensent qu'une déficience de cette hormone est responsable de la dépression et d'autres problèmes de santé mentale. On pense que le jeûne réduit le risque d'accident vasculaire cérébral, bien que cela puisse être le résultat d'une alimentation plus saine en parallèle. Les chercheurs pensent que le jeûne pourrait retarder l'apparition de la maladie d'Alzheimer, ou du moins en réduire la gravité. Ce changement de mode de vie a amélioré les symptômes de la maladie d'Alzheimer chez neuf patients sur dix.

L'une des méthodes les plus courantes de jeûne intermittent consiste à limiter les repas à une courte fenêtre de huit heures sur vingt-quatre. Je trouve qu'il est plus facile de jeûner pendant ma journée de travail. Je suis capable d'accomplir plus de choses et mon esprit est plus vif. Je prends un repas le soir et je grignote des noix ou des fruits secs lorsque je me détends.

Les preuves sont convaincantes, même si elles ne sont pas concluantes. Elles sont suffisamment convaincantes pour que je change mes habitudes et que je les recommande à mes clients. Votre cœur vous remerciera. Vous constaterez une diminution du risque de cancer. Votre corps aura l'énergie nécessaire pour réparer les gènes. Vous vivrez probablement plus longtemps.

Le régime japonais - Basé sur le « washoku », la cuisine japonaise traditionnelle, les personnes qui adoptent ce régime mangent de plus petites portions de plats préparés avec des ingrédients simples et frais. Pensez à un repas dans un restaurant oriental. Personne ne reçoit une assiette de la taille d'un wok. Les mets délicats sont servis dans de petites assiettes et tentent le palais sans l'endormir avec des aliments trop lourds. L'accent est mis sur le plaisir des yeux, en faisant en sorte qu'une partie du festin soit visuelle plutôt que sensible au palais.

Le régime japonais se compose essentiellement de poisson, de nouilles variées, de tofu, de riz cuit à la vapeur, d'algues, de fruits et de légumes fraîchement cuits. Certains ingrédients marinés ou fermentés équilibrent les saveurs et ajoutent des probiotiques au mélange. Ce que l'on ne voit pas, c'est beaucoup d'œufs, de produits laitiers ou de viande. Ces aliments sont présents en très petites quantités et de manière complémentaire. Ces repas se caractérisent par une cinquième sorte de sensation des papilles gustatives, une riche saveur umami, comme on l'appelle. Le riz sushi, préparé avec du vinaigre pour le rendre collant, est au centre de la plupart de ces repas. Ce vinaigre fait-il une différence ?

Selon des recherches acceptées par l'Organisation mondiale de la Santé, les femmes qui suivent ce régime vivent généralement jusqu'à 87 ans, et les hommes jusqu'à 80 ans en moyenne. Les sujets étudiés vivent non seulement plus longtemps, mais ils présentent moins d'hypertension, moins de maladies cardiaques, moins d'accidents vasculaires cérébraux et jouissent d'une meilleure santé articulaire. Il n'est pas nécessaire de manger du poisson cru pour mettre ce régime en pratique. Mangez des portions plus petites dans des assiettes plus petites. Utilisez davantage de légumes et de fruits. Mangez moins de viande. Faites en sorte que vos repas soient esthétiques. Vivez mieux et plus longtemps.

Le régime méditerranéen - Les scientifiques ont constaté une longévité et un mode de vie plus sain chez les riverains de la mer Méditerranée. Ce n'était pas le fait de leurs médecins ou de leurs pharmacies. C'est leur assiette qui est en cause. Ce régime est considéré comme sain pour le cœur. Il comprend un apport quotidien de légumes, de fruits, de céréales complètes et de graisses saines. Chaque semaine, il y a du poisson, de la volaille, des haricots et des œufs. La consommation de produits laitiers est modérée et celle de viande rouge est réduite. Il s'agit de partager le repas avec la famille ou les amis, d'apprécier un verre de vin rouge et de discuter longuement. Il est basé sur les plantes et non sur la viande.

Ce régime fait la part belle aux graisses saines, avec moins de graisses saturées et d'acides gras trans, connues pour être à l'origine de maladies coronariennes. L'huile d'olive est une graisse monoinsaturée qui réduit le taux de cholestérol et de lipoprotéines de basse densité (LDL). Les noix et les graines, qui figurent également en bonne place dans leurs recettes, contiennent également des graisses monoinsaturées. Il en va de même pour les poissons gras tels que le maquereau, le hareng, la sardine, le thon blanc et le saumon. Tous sont riches en acides gras oméga-3, connus pour réduire l'inflammation. Les acides gras oméga-3 présentent d'autres avantages, comme la réduction du risque d'insuffisance cardiaque et d'accident vasculaire cérébral.

Les bienfaits typiques pour la santé sont une diminution des maladies cardiovasculaires, une réduction du diabète, une baisse de la tension artérielle, une diminution de la démence et un allongement de la durée de vie. L'amélioration de la santé des personnes qui suivent ce régime a été constatée pour la première fois dans les années 1950 et, depuis, de nombreuses études l'ont confirmée. En revanche, le régime américain typique, composé de viande et de pommes de terre, sans verdure, s'il vous plaît, est mortel.

Acides gras oméga-3 - En principe, il existe deux acides gras essentiels : l'acide alpha-linolénique (l'un des nombreux acides gras oméga-3) et l'acide linoléique (un acide gras oméga-6). En théorie, votre corps peut fabriquer tout ce dont vous avez besoin à partir de ces deux substances.

Remarquez que j'ai dit *en théorie*. En réalité, ce n'est pas toujours le cas et c'est là que le régime alimentaire entre en jeu. Les bonnes graisses sont essentielles. Deux d'entre elles sont essentielles : l'EPA (acide eicosapentaénoïque) et le DHA (acide docosahexaénoïque). Ne me demandez pas qui les a nommés. Pourquoi donnerait-on à quelque chose d'essentiel un nom aussi difficile à prononcer ? On les trouve dans certains poissons. L'ALA (acide alpha-linolénique) se trouve dans des sources végétales telles que les noix et les graines.

La liste des maladies affectées par un manque d'acides gras oméga-3 ressemble à un programme de conférence de l'AMA. La polyarthrite rhumatoïde, la dépression, la maladie d'Alzheimer, le développement du fœtus, le TDAH et l'asthme indiquent tous que les oméga-3 déficients sont des co-conspirateurs dans les processus pathologiques. Les vieux charlatans qui vendaient un sérum capable de tout guérir, de la morsure de serpent à la paralysie, n'étaient pas si loin de la vérité qu'on le pensait. Il est vrai que certains éléments de base constituent le fondement de la santé et que leur absence provoque des ravages dans l'organisme.

Probiotiques - Je parie que vous ne saviez pas que les bactéries sont dix fois plus nombreuses que les cellules de votre corps. C'est pourtant vrai. Vos bactéries intestinales saines et quelques levures amicales sont des vedettes qui contribuent à synthétiser des substances chimiques importantes pour votre cerveau. En plus de synthétiser la sérotonine, elles remplissent un certain nombre d'autres fonctions saines au sein de votre corps, et les scientifiques ont encore du mal à déterminer tous les faits.

Cela n'a pas empêché le public de prendre le train des probiotiques. En 2012, l'Institut national de la santé américain (*the National Institute of Health - NIH*) a indiqué que quatre millions d'adultes américains déclaraient prendre des compléments alimentaires à base de probiotiques. Plus révélateur encore, 300 000 enfants avaient reçu des probiotiques de la part de leurs parents ou des personnes qui s'occupaient d'eux. Ces personnes soucieuses de leur santé ont pris connaissance des nouvelles recherches et n'ont pas tardé à prendre le train en marche.

Selon Wang et Shurtleff, « la communauté de micro-organismes qui vit sur nous, et en nous, s'appelle le « microbiome » C'est un sujet de recherche brûlant. Le projet du microbiome humain (the *Human Microbiome Project*), soutenu par le NIH de 2007 à 2016, a joué un rôle clé dans cette recherche en cartographiant les bactéries normales qui vivent dans et sur le corps humain sain. Sur la base de cette compréhension du microbiome normal, des chercheurs du monde entier, dont beaucoup sont soutenus par le NIH, explorent actuellement les liens entre les modifications du microbiome et diverses maladies. Ils développent également de nouvelles approches thérapeutiques conçues pour modifier le microbiome afin de traiter les maladies et de favoriser la santé. »

Voici ce qu'en dit le NIH : Ils *pourraient* favoriser la culture de bactéries saines dans l'organisme. Ils *pourraient* influencer la réponse immunitaire de l'organisme. Ils *pourraient* aider à soulager les douleurs pelviennes chroniques. En d'autres termes, on en sait trop peu pour pouvoir faire de véritables affirmations. Mais il n'est pas trop tôt pour consommer davantage d'aliments riches en probiotiques, comme le yaourt grec, le chocolat noir et les cornichons. Plusieurs aliments d'origine étrangère y figurent également, ce qui n'est pas très surprenant : le miso, le kéfir et le kimchi.

Le sel - Votre corps a besoin de sel, mais en réalité, vous en mangez probablement beaucoup trop. Les aliments transformés sont saturés de sel, et une personne moyenne consomme 77 % de son apport quotidien en sel dans des aliments tels que le pain et les chips. En outre, nous avons pris l'habitude de saler nos aliments. Que se passe-t-il lorsque l'on ingère trop de sel ?

- L'hypernatrémie - en langage médical, il s'agit d'un excès de sodium dans la circulation sanguine, qui se manifeste lorsqu'une personne est gravement déshydratée ou a consommé trop de sel. Les symptômes sont les suivants : irritabilité, crampes musculaires, confusion, dépression et vomissements. Des fluides intraveineux sont nécessaires pour réhydrater le corps aussi rapidement que possible.
- Les ballonnements, que nous connaissons tous lorsque nous abusons des aliments salés.
- La soif.

Voici ce qui se passe lorsque vous avez trop de sel dans votre organisme. Lors de la digestion, le sel passe dans la circulation sanguine et les cellules essaient de décharger l'excès dans les cellules de l'ensemble du corps. Pour maintenir l'équilibre de votre système, vous devez retenir de l'eau, d'où les ballonnements. Tout ce liquide supplémentaire est difficile à supporter pour la paroi des vaisseaux sanguins, qui deviennent plus rigides au fil du temps, ce qui entraîne une hypertension artérielle. Vous avez mangé allègrement et un jour, cela vous rattrapera avec des conséquences assez graves.

Tout ce brassage de sodium indésirable (provenant du sel, un composé de chlorure de sodium) a pour but de vous maintenir en vie, mon ami. Votre corps entretient une danse très délicate appelée homéostasie. Vous devez disposer de sodium et de potassium pour assurer le transport normal des matériaux à l'intérieur et à l'extérieur de chaque cellule, et votre circulation sanguine transporte des fluides pour faciliter ce processus. Pour maintenir cet équilibre délicat, l'organisme dispose d'une pompe gérée par une enzyme appelée adénosine triphosphatase. Cette enzyme pompe le sodium hors des cellules et pompe le potassium dans les cellules. Tout cela a pour but d'assurer les niveaux nécessaires à l'utilisation du glucose comme source d'énergie.

Pour réguler les quantités appropriées de sodium et de potassium, vous entendrez les professionnels parler du régime DASH. C'est l'abréviation de *Dietary Approaches to Stop Hypertension* (approches diététiques pour arrêter l'hypertension). C'est très simple. Mangez moins de sel. Mangez plus d'aliments riches en potassium. Il s'agit des légumes, des fruits, des fruits de mer et des produits laitiers. Mangez des pommes de terre cuites au four (plutôt que des pommes de terre pelées), du yaourt nature, du saumon et des bananes. La meilleure chose à faire est de manger moins d'aliments transformés, moins d'aliments salés et de bannir le sel de table.

Sérotonine - Il s'agit de la 5-hydroxytryptamine. Il s'agit d'un neurotransmetteur monoaminergique, c'est-à-dire un neurotransmetteur qui agit au niveau des terminaisons nerveuses pour assurer le passage sécurisé des informations d'un nerf à l'autre. Imaginez qu'un nerf est une longue tentacule d'informations qui s'étend à partir du cerveau. Chaque nerf a une tête, un long corps appelé axone et une queue. Il doit se connecter au nerf suivant pour transmettre l'information du cerveau au cœur, aux poumons, aux jambes, à toutes les parties du corps. Il y a un petit espace mort entre ces nerfs, et le neurotransmetteur transporte l'information à travers cet espace jusqu'au nerf suivant.

Au-delà de la transmission nerveuse, la sérotonine affecte de nombreuses parties du corps. Elle aide à contrôler le transit intestinal, les nausées et la diarrhée, ce qui a un lien direct avec le syndrome du côlon irritable (SCI). Elle régule l'anxiété et l'humeur. Si elle est en quantité insuffisante, vous devenez soudainement déprimé. Ce n'est pas un secret : c'est la substance chimique responsable d'un bon sommeil. En cas de blessure, les plaquettes sanguines libèrent de la sérotonine pour aider à former des caillots et prévenir les hémorragies. La sérotonine joue également un rôle dans la santé des os. Un taux élevé de sérotonine favorise l'ostéoporose, ce qui constitue un problème pour les personnes âgées qui ont des difficultés à dormir. Prenez la juste dose. Elle a également un effet sur la libido.

Nous insistons le plus souvent sur son rôle dans la santé mentale. Réduisez le besoin de recourir à des produits pharmaceutiques en régulant votre humeur de manière naturelle. Des niveaux normaux de sérotonine signifient que vous vous sentez plus heureux, plus calme et plus concentré.

Les taux normaux de sérotonine sont mesurés par des analyses de sang et devraient se situer entre 101 et 283 nanogrammes par millilitre (ng/mL). Il n'est pas nécessaire de le savoir ou de s'en souvenir, mais l'essentiel est qu'il s'agit d'une substance chimique que n'importe quel laboratoire peut mesurer. Si vous pensez avoir un taux élevé ou faible, demandez à votre médecin de vous prescrire un test. Un taux faible signifie que vous devez l'augmenter, et les médicaments vont normalement directement dans l'armoire à pharmacie. Tout d'abord, essayez d'augmenter votre exposition à la lumière vive. Essayez de faire de l'exercice régulièrement. Mangez des œufs, du fromage, de la dinde, des noix, du saumon, du tofu et de l'ananas pour augmenter votre taux de cholestérol. Essayez de méditer chaque jour.

À l'inverse, la prise de médicaments entraînant une élévation du taux de sérotonine provoque l'effet inverse, connu sous le nom de syndrome sérotoninergique. Les symptômes sont les suivants : frissons, diarrhée, maux de tête, confusion et dilatation des pupilles. En l'absence de traitement, ce syndrome peut affecter les muscles volontaires, ce qui se traduit par une forte fièvre, une pression artérielle élevée, un rythme cardiaque rapide ou irrégulier et des crises d'épilepsie.

Lorsque vous le pouvez, mangez pour être en meilleure santé plutôt que d'aller directement à la pharmacie et de prendre des cachets.

Sucre, succédanés de sucre - Avez-vous réalisé que le sucre représente une part importante de votre alimentation ? La quantité journalière recommandée varie en fonction du rapport que vous lisez, mais disons que nous parlons de 37,5 g pour les hommes et de 25 g pour les femmes. Cela représente environ douze cuillères à café de sucre par jour. Que mangent en réalité la plupart des gens ? Une personne qui consomme 2 000 calories par jour ingère probablement 50 grammes de sucre. C'est incroyable ! Certains chercheurs supposent que l'adulte moyen absorbe ces 50 grammes sous forme de *sucre ajouté, de sucre caché*, en plus des plaisirs sucrés.

Il est facile de reconnaître le sucre dans une canette de soda. Une canette de Coca Cola de 330 ml contient 39 grammes de sucre. Ajoutez à ce Coca-Cola un sachet de Skittles (47 grammes de plus) et vous verrez que le compte est bon. Le problème, c'est que ces sucreries ne sont que la partie émergée de l'iceberg. Réalisez que si vous n'évitez pas activement le sucre, vous en consommerez probablement beaucoup trop, et à partir de sources que vous n'auriez jamais imaginées. Presque tous les aliments transformés contiennent du sucre :

- granola
- barres protéinées
- yaourt
- pain
- sauce tomate
- soupes en conserve
- les beurres de noix transformés

Devenez un lecteur d'étiquettes. Vous savez qu'il faut faire attention au sirop de maïs et probablement aux mots en -ose comme fructose et maltose. Faites attention aux cinquante-six autres mots qui se font passer pour du sucre, comme le fructose, le saccharose, le sucre de betterave, la mélasse, le miel, le caramel, la caroube, tout type de sucre ou de sirop, la dextrine, le dextrose, la maltodextrine, le D-ribose, le galactose, le nectar d'agave ou encore le turbinado.

Cela signifie-t-il qu'il ne faut jamais manger de sucreries ? Non. Recherchez des substituts à la stévia, comme le chocolat. Utilisez le xylitol et d'autres sucres alcoolisés, qui sont moins caloriques et ont moins d'effets inflammatoires sur l'organisme. L'érythritol est fabriqué par un processus de fermentation de l'amidon de maïs et offre toute la douceur du sucre avec seulement 5 % des calories. Le sorbitol et le maltitol en sont d'autres. J'utilise la stévia et l'érythritol pour remplacer le sucre dans mes biscuits, mes gâteaux et mon pain, avec d'excellents résultats. Bonne cuisine !

Suppléments - Les scientifiques s'interrogent sur l'utilité d'avaler des pilules et des suppléments pour favoriser la santé cérébrale. Certains préconisent les suppléments et d'autres se demandent s'ils sont métabolisés ou excrétés en totalité. Personne n'apporte de preuve de leur valeur. L'engouement pour les vitamines a commencé dans les années 1960, lorsque les Pierrafeu étaient vendus aux enfants. Puis One A Day est devenu populaire. Ces campagnes publicitaires ont légitimé la supplémentation et le public s'est emballé. La prise de multivitamines s'est transformée en une multitude de vitamines spécifiques. J'admets que je me suis laissé entraîner de temps en temps dans cet engouement, en prenant des vitamines E, C, B12 et de la biotine. Je n'ai pas pu m'en empêcher. C'est comme si le monde était passé au crible de la médecine de crise et que, par conséquent, nous tournions tous autour comme des poulets à qui l'on aurait coupé la tête, picorant des compléments alimentaires dans l'espoir d'éviter des maladies telles que les maladies cardiaques et la démence.

Les probiotiques en sont un exemple. La *Food and Drug Administration* (FDA) réglemente les compléments alimentaires, mais certains probiotiques n'ont pas besoin d'être contrôlés par la FDA. Les fabricants peuvent affirmer ce qu'ils veulent sans se faire taper sur les doigts tant qu'ils ne font pas d'allégations en matière de santé. Personne ne sait s'ils sont utiles ou nuisibles, mais cela ne fait aucune différence pour certains guérisseurs holistiques qui les prescrivent ou pour les entreprises qui les fabriquent. La meilleure alternative est un régime riche en nutriments, que j'ai décrit à maintes reprises tout au long de ce livre.

Depuis que je me concentre sur une alimentation saine, plutôt que sur la prise de pilules, je suis en meilleure santé et plus calme. Je dors mieux et plus régulièrement. J'ai appris à soigner mon corps avec des aliments comme la nature l'a prévu. C'est le Coach John qui vous parle : *améliorez votre santé à travers votre alimentation.*

RESSOURCES

Berk, L., Bruhjell, K., Peters, W., Bastian, P., Lohman, E., Bains, G., Arevalo, J., Cole, S. (2018). Dark Chocolate Effects on Human Gene Expression. [Les effets du chocolat noir sur l'expression génétique humaine]. Fédération des sociétés américaines de biologie expérimentale. Résumé n° 755.1. Consulté le 22 décembre 2019 sur https://www.fasebj.org/doi/10.1096/fasebj.2018.32.1_supplement.755.1

Borelli, L. (2017). 6 Benefits of Eating Blueberries for Brain Health, From Lowering Dementia Risk to Improving Memory. [6 avantages de la consommation de myrtilles pour la santé du cerveau, de la réduction du risque de démence à l'amélioration de la mémoire]. Consulté le 22 décembre 2019 sur https://www.medicaldaily.com/6-benefits-eating-blueberries-brain-health-lowering-dementia-risk-improving-419938

Bowden Ph.D., CNS, J. (2018). Clean Eating Is Not Disordered. [L'alimentation saine n'est pas désordonnée]. Consulté le 22 décembre 2019 sur https://www.cleaneatingmag.com/author/jonny-bowden-phd-cns

DiSalvo, D. (2017). Why is Diet Soda So Bad For Your Brain? [Pourquoi le soda est-il si mauvais pour votre cerveau ?]. Consulté le 22 décembre 2019 sur https://www.forbes.com/sites/daviddisalvo/2017/04/27/why-is-diet-soda-so-bad-for-your-brain/#42bd7c885fad

Révisé par Freeborn Ph.D., D., Cunningham, L., LoCicero MD, R, Mis à jour par Rogers, K. (2018). White Blood Cell. [Cellule sanguine blanche]. Encyclopedia Britannica. Consulté le 22 décembre 2019 sur https://www.britannica.com/science/white-blood-cell

Greenberg Ph.D., M. (2015). Why Our Brains Love Sugar-- and Our Bodies Don't. [Pourquoi nos cerveaux adorent le sucre mais notre corps non]. Consulté le 22 décembre 2019 sur https://www.psychologytoday.com/us/blog/the-mindful-self-express/201302/why-our-brains-love-sugar-and-why-our-bodies-dont

Higdon, J. (2005). Flavonoids. [Flavonoïds]. Université d'État de l'Oregon. Mis à jour en février 2016. Consulté le 22 décembre 2019 sur https://lpi.oregonstate.edu/mic/dietary-factors/phytochemicals/flavonoids#subclasses

Jeaveans, C. (2014) How Much Sugar Do We Eat? [Quelle quantité de sucre consommons-nous ?]. Consulté le 22 décembre 2019 sur https://www.bbc.com/news

Lally, P., van Jaarsveld, C., Potts, H., Wardle, J. (2009). How Are Habits Formed: Modelling Habit Formation in the Real World. [Comment les habitudes se forment-elles : Modéliser la formation des habitudes dans le monde réel]. European Journal of Social Psychology. Consulté le 22 décembre 2019 sur https://onlinelibrary.wiley.com/doi/abs/10.1002/ejsp.674

Lappé, F. M. (1971). Diet for a Small Planet. [Régime pour une petite planète]. Ballantyne Books. New York.

Lehmen, S., Fogoros, R. (2019). Serving Sizes for Eighteen Fruits and Vegetables. [Portions de dix-huit fruits et légumes]. Consulté le 22 décembre 2019 sur https://www.

verywellfit.com/serving-sizes-for-18-fruits-and-vege-
tables-2506865

Levy CHHC, J. (2018). Vitamin E Benefits the Skin, Hair,
Heart, Eyes and More. [La vitamine E est bénéfique pour
la peau, les cheveux, le cœur, les yeux et plus encore].
Consulté le 22 décembre 2019 sur https://draxe.com/nu-
trition/vitamin-e-benefits/

Loma Linda University Health. Dark Chocolate Boosts
Memory. [Le chocolat noir stimule la mémoire]. Consulté
le 27 février 2019 sur http://www.alzheimersweekly.
com/2018/05/dark-chocolate-boosts-memory.html

McKay Ph.D., S. (2019). Is Alzheimer's Disease a Women's
Health Problem? [La maladie d'Alzheimer est-elle un problème de santé de femmes ?]. Consulté le 22 décembre
2019 sur http://yourbrainhealth.com.au/

Mosconi Ph.D., L. (2018). Mind Food: What a Neuroscientist
Eats. [Mind Food : ce que mange un neuroscientifique].
Consulté le 20 décembre 2019 sur https://www.thetimes.
co.uk/article/mind-food-what-a-neuroscientist-eats-wd-
9mfz9st

Organisation mondiale de la Santé. (2013). WHO | Dementia
cases set to triple by 2050 but still largely ignored. [OMS
| Les cas de démence devraient tripler d'ici 2050 mais
restent largement ignorés]. Consulté le 20 décembre
2019 sur https://www.who.int/mediacentre/news/re-
leases/2012/dementia_20120411/en/

Perry, D. (2018). 2 Rules for How to Cook Salmon Even
Haters Will Love. [2 règles pour cuisiner un saumon que
même les détracteurs aimeront]. Consulté le 20 décembre

2019 sur https://www.realsimple.com/food-recipes/how-to-cook-salmon-for-haters

Puckette, M. (2016). Food and Wine Pairing Basics. [Les bases de l'accord mets et vins]. Mis à jour le 30 octobre 2019. Consulté sur https://winefolly.com/tutorial/getting-started-with-food-and-wine-pairing/

Rederer, M. 15 "Healthy" Foods You Won't Believe Are Full of Added Sugar. [15 aliments "sains" dont vous ne croirez pas qu'ils sont pleins de sucre ajouté]. Consulté le 22 décembre 2019 sur https://healthprep.com/fitness-nutrition/15-healthy-foods-you-wont-believe-are-full-of-added-sugar/?utm_source=bing&utm_medium=search&utm_campaign=328752049&utm_content=1146791188590073&utm_term=processed%20sugar&msclkid=d173b9d2037a12294431e42de10ac3f4

Shahzad MSc, A. (2018). Advances Along the Gut-Liver-Brain Axis in Alzheimer's Disease: Why Diet May Be So Impactful. [Avancées le long de l'axe intestin-foie-cerveau dans la maladie d'Alzheimer : pourquoi le régime alimentaire peut avoir un tel impact]. Consulté le 20 décembre 2019 sur https://www.alz.org/aaic/releases_2018/AAIC18-Tues-gut-liver-brain-axis.asp

Shute, E. et Shute, W. Shute Vitamin E Protocol. [Protocole Shute de la vitamine E]. Consulté le 20 décembre 2019 sur http://www.doctoryourself.com/shute_protocol.html

Smith, K. (2017). How to Eat More Brain Healthy Foods. [Comment manger plus d'aliments sains pour le cerveau]. Consulté le 20 décembre 2019 sur .http://ageright.org/2017/05/13/eating-more-brain-healthy-foods/

Sons, T. (2017). Supercharge Brain Health With These Foods. [Ces aliments qui renforcent la santé du cerveau]. Consulté le 20 décembre 2019 sur https://www.lifehack. org/530346/supercharge-brain-health-with-these-foods

Weiss, MD MCR, J., Woodell MD, T. (2019). Sodium Homeostasis. Chronic Disease in the Elderly. [Homéostasie du sodium. Maladies chroniques chez les personnes âgées]. Consulté le 22 décembre 2019 sur https://www.sciencedirect.com/topics/medicine-and-dentistry/sodium-homeostasis

Williams, R. (2012). Flavonoids, Cognition and Dementia: Actions, Mechanisms, and Potential Therapeutic Utility for Alzheimer Disease. [Flavonoïdes, cognition et démence : actions, mécanismes ct utilité thérapeutique potentielle pour la maladie d'Alzheimer]. Consulté sur https://www.sciencedirect.com/science/article/abs/pii/S0891584911005764

Wang, Ph.D., Y. et Shurtleff, Ph.D., D. (2012). Probiotics: What You Need to Know [Probiotiques : ce qu'il faut savoir]. Consulté le 22 décembre 2019 sur https://www.sciencedirect.com/science/article/abs/pii/S0891584911005764

www.ingramcontent.com/pod-product-compliance
Lightning Source LLC
Chambersburg PA
CBHW051509050726
47594CB00010B/4029